お一人さま女子

鳴瀬　涼

扉絵　葛飾北斎『万福和合神』文政四（一八二一）
上巻本文3枚目（5ウ・6オ）

春本としては珍しく上中下3巻の長編物語として制作されている（文章も北斎）。

主人公の若い娘が両親がしているのをのぞき見しながらオナニーに耽る場面。
「こらへられねば、なかゆびめゝつこのうちををちこちこきまはせしが（中略）しろみずのごときゐんすゐがぴよつ〳〵〳〵ときて、ゆくといふ事をはじめておぼへたり。」

（解説　白石　良）

はじめに（解説）

作家　白石　良

六年ほど前のことです。教え子の女性から「Hな小説を書きました」と、原稿が送られてきました。結婚をあきらめたので、自分のオナニー史を書いてみたとのことでした。

確かに自分のセックス（オナニー）を告白するというのは、私小説の究極の形といえるでしょう。できれば出版してほしいということだと思い、読んでみましたが、Hというより、こんな感覚を持った人がいるんだ、という驚きの方が先に立ちました。「H」というと、現在は「セックス・性交」の意味で用いられますが、もともとは「変態」の意味でした。もしかしたら、本書のサブタイトルは「私はヘンタイ?」という意味だったのかもしれません。（授業中にネタで使ったことがあるので、彼女なら元の意味を知っている可能性がある）。

しかし、その機会を得ず、時間が経過しました。ところが二年前、突然彼女から、「結婚できた。続編書きます」という連絡が来ました。最初のものは「結婚できたら続編を書く」で終わっていたのです。そして昨年、全面的に書き直された原稿が送られてきました。これは何とかしなければなりません。ある出版社の社長さんが「変態本は出せば売れる」と言っていたので、数社に当たってみましたが、どこも乗ってくれません。市販されているＤＶＤ

でそういう関係のを見てみたりもしましたが、彼女の方が「自然」なのです。それでだめだったのかもしれません。この程度では「ヘンタイ」ではないのでしょう。そうなると変態とは何なのか、という問題が生じてきます。もしかしたら彼女自身が本文中で示唆しているように、他人に怪我をさせたりとかいう害を与えない限り、オナニーに変態は存在しないのではないか、とも思われます。

その後、お世話になっている女医さんに、たまたまこの話をしましたところ、「やはり女性のオナニーはあまり一般的ではない（と思われている）ので、悩んでいる人は多い。そういう人の救いになるかもしれない」と言われました。そこで、今回このような形で出させて頂くことになりました。

このような本の出版をお引き受け頂きました、㈱元就出版社社長濵正史様に厚く御礼を申し上げます。

なお、最後に、もとのタイトルはあまりにも直接的だったので、私の方で変更させて頂きましたが、サブタイトルはもとのままです。また本文は、語法的・文法的な誤りと文末を訂正したところが数箇所ずつあるだけで、ほとんど原文のままであることを申し添えておきます。

プロローグ

私は四十代の主婦。だんなと子ども一人の三人家族。顔は人並みよりはいいと思います。メガネかけてますが。太ってはいません。むしろ細いほうです。胸はCあります。だから、プロポーションも悪くないと思います。古くさいタイプです。

そんな私、なぜか男性に縁がありませんでした。今まではほんとに好きになって結婚したい、って思った人は、大学のときに一人しかいません。ところがその人は大学院に行き、早く結婚したいと思っていた私はあきらめてしまいました。ところが、就職した先では、出会いなんかありませんでした。途中で職場を変わりました。お見合いは何回もしました。でもなぜか断られるんです。途中でいやになって、はじめから断るようになりました。そしてずっと処女のままでした。性欲はやっぱりあります。でも、誰とでも、っていうのはいやでした。ときどきかわいそうな自分を一人で慰めてました。

女の性については、女性週刊誌からネットまで、いろんなことが書かれています。アダルトコーナーにあるような本も読んだことがありますが、男の人が書いているからなんでしょうか、こんなことあり得ない、っていうのもあるような気がします。女のHは個人差が大きいということだと思います。それで、五年以上前に、もうこのままいくんだろうって、それまでの「私の」恥ずかしい話、それもかなり「へん」なのを書いてみました。

ところがアラフォーになって、「降ってきたように」ついに結婚できたのです。それで前の話を書きなおしました。

初潮

中三の夏です。遅いです。私のころ、早い人は小学校の五年くらい、平均は中一くらいだったんじゃないかと思います。たぶん最近はもっと早くなってるでしょう。私は寝てるときに夢を見て、でした。自転車に乗ってて急におしっこがしたくなって、あっ、って思ってあわてて股の間おさえたのに…漏れた！　おねしょ！って起きてみたら、手の下で股の間がべっとりしてて。ぎくっとして、パジャマとパンツ下げてみたら、血がついてました。それまでなんにも知りませんでした。みんなよく先に教えてもらってたとか、お赤飯炊いてもらったとか聞きますけど。それでも、ある作家のように痔になったとか、その知り合いの人のように、知らないうちに下痢便漏らした、なんて思いませんでした。なにが起こったんだろう、って不安で。とりあえずパンツ隠して、新しいのを出して、中にティッシュを敷いてはきました。夏休みだったからよかったのかもしれませんが、昼ごろになっても止まらないで、ティッシュがべたべたになって、足のほうにまで流れてきてしまうんで、とうとうママに言いました。「なんか、股の間に血がついてるんだけど…。」ママがパパと顔を見あわせて、大笑いしてました。そしてナプキンをもらって、「大人になったのよ。」とだけ言われました。なんだかよくわかりませんでした。

初めてのオナニー

その冬のことでした。Hなこと考えたりすると、股の間の小さなものが固くなって、あったかい液体が出てくるってことは、いつの間にか知ってました。ある晩、その濡れているときにトイレに入りました。そしたら、ところが、なにか窓の外が気になって、背伸びして外を見ながら、おしっこしたんです。そしたら、ブシューという音がして。はじめは気にしてませんでした。そのうち、足にあったかいものがかかって。あっ、って思いました。おしっこが上向きに飛んで、便座の間から便器を飛びこえて、パンツと下ばきのブルマがべしょべしょ。どうしようもなくて、ノーパンで部屋にもどって、そのパンツとブルマを隠しました。

そして何日か後のことです。あのおしっこがかかった、っていうのが忘れられなくて、こんどはわざとやってみようと思ったんです。でもそのころは、なかなか都合のいいときに濡れるなんてことはありません。それでブルマの股の間――私は「真ん中」って言うんですけど――をこすってみました。濡れました。おしっこも出そうな気がしました。そのときはブルマとパンツを濡らしただけでした。そして次は、おしっこ出そうになった、っていうのが気になってきたんです。じゃああのままこすってたら出るんじゃないかしら、一回ほんとに、って思いました。

　数日後、ブルマだけノーパンではいて、ぞうきんも用意して、上からこすりはじめました。股の間が液体でぐちょぐちょになって、おしっこ出そうな気が。あ…でそう…でそう…でる、でる、でる…出たっ！「あっ！」真ん中をおさえて、声を出してのけぞってしまいました。なんかすごく気持ちがよかったんです。でもあとで、おしっこ出たのかしら、って思ってブルマ見たら、べつの液体でぐっしょり。下腹部もまだ尿意が残って、すっとしてません。あ、私、なんかへんなことしちゃったのかしら…。これが私がオナニーを知った最初でした。

　そのときは、まだ自分がオナニーしたという自覚はありませんでした。でも、罪悪感というか、私は女としてしてはいけないことをしてしまった、っていう気はありました。それでも一度してしまうと、夜、勉強しているときなんかに思い出して、濡れてきてしまうんです。はじめはトイレに行ったり、ほかのことをしたりして、ガマンしてました。でも、一週間ほどたって、すごく濡れたときがありました。なんかおしっこ漏れたみたい、って思ったとたん、急に不安になりました。ひょっとしたらこんどはほんとに漏らした？　あわてて立ち上がって、ざぶとんを見ました。しみはついてません。よかった、だいじょうぶだった。ちょっと安心して、スカートをめくってみました。ところが下ばきのブルマが紺色なので、どのくらい濡れているのかわかりません。そっと指先で触ってみました。ぐちょ…。すごい濡れかたでした。それでとうとうガマンできなくなりました。そのままブルマの上から陰核に触

ってしまいました。そのとたんからだじゅうに電気が走ったような気がして。すぐにイって
しまいました。
この時から、オナニストになりました。初めはブルマの中にティッシュを敷いて、上から
こすってました。そして罪悪感もだんだん消えていきました。

小学校

こんなふうになった原因は、もっと早くにあったような気がします。

小学校高学年のころ、「おしっこ漏らす」ということに興味を持ちました。おしっこに興味を持つ——幼い性欲を感じる——っていうのはよくあるようです。幼稚園や低学年のころに、友達と学校から帰ってくるとき、向かいあわせにしゃがんで、見せあいながらしたり、並んで、どっちが飛ぶか、なんてやったこともありました（どうも私のおしっこは少し上向きに飛ぶようで、〈つまり「上つき」だったらしい〉、だいたい勝ってました）。でも、そうした単なる「おしっこ」ではなかったんです。

ある日、学校から帰ってくるときに、細い道にまがったら、低学年の子が溝の上にしゃがんでおしっこしてました。それが、私に気づくとあわててパンツを上げて逃げたんです。そのとき、ぜったい半分くらいパンツの中に…パンツつめたくなる…と思いました。別のときには、公園の横の道を通ったら、男の子が境の生け垣のほう（私のほう）に走ってきて、き

ゅうに立ち止まったと思ったら、半ズボンの横からおちんちん出して、いきなりシャ〜ッ。これもかなりかかったと。また、プールに行ったときには、一、二年生くらいの女の子が、溝をまたいで、ワンピースの水着の真ん中を横によせておしっこを。それで、私もおしっこでパンツを濡らしてみたくなったんです。

でも、ほんとに漏らすとたいへんです。私は、休み時間ごとにトイレに行ってました。近いっていうわけじゃありません。四年のとき、授業中に別の女の子がお漏らししたのを見て、こわくなったんです。だから、わざと漏らしてみたかったんです。

これは私が、ほんとに漏らして、恥ずかしい思いをしたことがない、っていうことに、一つ原因があるかもしれません。私がお漏らししたのは、どっちも幼稚園のとき以来ありません。それもうんちのほうは、おなかがゆるくなってて、おならといっしょにしてしまったのにまったく気づかないで、なんかパンツつめたい、って思いながら家に帰ってきて、トイレに行こうとしてパンツ脱いではじめて気がつきました。おしっこは、帰りのバスの中でしたくなってて、家の前で鍵を開けてもらうのを待っているあいだに、パンツの中に、じゃ〜っ。

でも、いくらわざとっていっても、パンツは汚れます。洗濯をしてもらうのが。だからはじめは、プールの終わったあと、トイレで水着のままおしっこをするくらいでした。

それがあるとき、塾の帰りに友達が、「私、朝からトイレ行ってない。」って言ったんです。じつは学校では、おしっこでもトイレに行けないっていう人がかなりいるんです（うんちはぜったい行けない）。私も知らなかったんですけど、そういう人は水分取らないようにしたりして、けっこうがんばってるらしいです。それで私もためてみるようになりました。そして帰りがけに、好きな子の家の前で立ち止まって、ちびらせたりしていました。パンツが黄色くなって、ちゃんとふきなさい、って言われたりしました。幼いオナニーだったんだ、って思います。

中学校

中学になると、みんなけっこうHなこと言うようになります。（おっぱい）ふくらんできたとか、（毛が）生えてきたとか。私はぜんぜんでした。

それがまず最初、「ブルマ」だったんです。小学校の体育は白のショートパンツでした。ですから今みたいに、パンツ見られないように、ってスカートの下にブルマはく、なんてことはありませんでした。

小学生のころ、「パンツのゴム切れた〜。」ってはやす、ギャグっていうか遊びがありました。一年のまだ入学してまもないころです。昼休みに外でみんなとバレーボールしてたら、ぷつん、って音がしたんです。はじめなにかわからなかったんですけど、パンツが下がってきて。あっ、ほんとにパンツのゴム切れた！　あわててスカートの上からおさえながらトイレに走りました。どうしようもなくて、パンツを思いっきりひっぱり上げて、スカートのウエストにはさんで、落ちてこないようにしました。でも、急にトイレに行ったりすると。教室に戻ったら、やっぱり、あんたうんち漏らしたんでしょ、って言われました。パンツのゴムが、なんて言えなくて黙ってたら、うんちびり娘、って言われて、見てあげる、ってスカートめくられて。パンツがずり落ちかけて、泣きそうになってました。

　そういうことがあったのと、ほかのみんながパンツ見られないように、ってはくので、私もはくようになりました。そうしたら一枚多くなるから、トイレに行ったとき、下げるのに時間がかかるようになります。それで、それまでのお漏らしとブルマがつながってしまったんです。間にあわなくて、半分くらいパンツの中に、とか。だから、私ははじめはバスケ部、途中からバレー部に入ってましたけど、夕方クラブが終わったあと、外の薄暗い倉庫に隠れて、パンツ脱いで、ノーパンでブルマだけになって、わざとちびらせたりしてました。夏、外練のとき、きゅうに夕立がきてずぶ濡れになって、下着が透けてみえる、「色っぽい女」になったときは、ほんとにぜんぶ漏らしてみようか、って思いました。やっぱりこわくてできませんでした。やめといてよかったと思います。してたらくさくなって、洗濯のときにばれてたかもしれません。

　胸が大きくなってきて、ブラジャーをするようになったのは、二年のときでした。この年、バレー部に移ったんですが、バレー部はなぜか全員がブラをしていました。だから男子にはブラジャー部と言われてたようです。入部したら先輩に、ブラをするように、って言われました。さっそく買いにいったのですが、まだなかったので、あうのがなくて困りました。今ならスポーツブラというのがありますが、当時はそんなのはまだ一般的ではありませんでした。

陰毛、関西では女性の性器のことを「おめこ」と言いますので、「おめ毛」になりますが、生えてきたのはやっぱり二年のころです。最初に気づいたときは恥ずかしくて、パパのカミソリをこっそりと借りて、おふろのときに剃りました。そうしたら、こんどはもっと生えてきたので、あきらめました。

体育の着がえのときにたまたまパンツが濡れてたのをのぞかれて、Hなこと考えてたんでしょ、って言われたこともありました。そんなことない、ヒマだったら濡れてくるじゃない、って言いましたけど、ぜったい信じてくれなかったと思います。それから三年のとき、休み時間に、他の女の子が友達の太ももをスカートの上からなでて、くすぐったい？　あんまりくすぐったがらないのね、なんて言ってたことがありました。それで、私もとなりに座ってた子の太ももを触って、くすぐったい？って聞いたら、気持ちいい、って言うんです。なんかへん？とは思ったんですが、そのままなでてあげていたら、濡れてきた、って。そのあともときどき、なでて、なんて言われてました。私はだめでした。なでてるだけで濡れてしまって。一度、あなたも触ってあげる、って言われたのですが、敏感すぎて、声が出そうになってしまいました。

変なコト1

中学時代の習いごとでは、フルートをやってました。手が小さかったので、三年間だけでやめましたが。そのレッスンで、月に一度だけ夜九時までの日があって、そのときだけは、危ないからということで、タクシーで帰ってました。でもいつもなかなかつかまらないのです。かわりにパトカーが止まって、なにしてるの、って聞かれたこともありました。

そのときは、ミニバイクが止まったんです。乗ってたのは、暗かったので顔はよくわかりませんでしたが、若い女の人でした。「なにしてるの?」からはじまって、「何年生?」このへんまではよかったのですが、「中三なら、もうあそこに毛、生えてるよね。」「ええ…。」だんだん声が小さくなってきます。「じゃあ、週に一回くらい、股の間の大事なとこ触って、遊んでる?」「…?」「Hなこと考えると、股の間、濡れてこない?」「濡れてるときは、濡れてますけど…?」結局、まだ知らないということがわかったようで、それで話は終わりました。そのあと、乗せてってあげよか、って言われましたが、断りました。この話が、オナニーしてるか、っていう質問だったということは、だいぶあとになってから気づきました。この人は痴女だったんでしょうか。もし送ってもらってなんかしてたら、女同士だからレズ強姦されて、オナニー教えられてたかもしれません。

変なコト2

同じ三年の夏のことです。部活が終わって着がえる前に、いつものように体育倉庫に入りました。おしっこ、ちびる…。奥の高跳び用マットの後ろに隠れて、ブルマをはいたまま中へ手をつっこんで、パンツだけ脱ぎます。しゃがみ込んで、おしっこに集中。部活の前にはかならずトイレに行くので、通常はたまってません。それでいいのです。たまってると止まらなくなって、濡らしすぎたりします。だんだんしたくなって…出そう…。

そのときでした。扉を開ける音が。まずい。あわててさらに奥にひっこんで息をこらしました。用具の間からそっとのぞいてみると、同じクラスの女子陸上部のキャプテンでした。やっぱり荷物を持ってユニフォーム姿です。最近の陸上のユニフォームはセパレーツの水着みたいですが、当時はそうではありません。ふつうのランニングシャツにショートパンツでした。何か片づけるんだろうか、見つかったらどうしよう、って思ってると、すぐに戸を閉めました。一人だ。なにするの？　彼女は入口近くにあったハードルのところへ行きます。またがりました。体を前後にゆすりはじめます。なにをしているのかはわかりませんが、私とおんなじで、やばいことらしい、っていうのはわかります。目が離せません。食い入るように見つめながら、手はブルマの上から真ん中を押さえつけてました。彼女の息が荒くなってきます。そしてなんともいえない声が…。彼女の動きがいちだんと早まったと思ったら、のけぞりました。「うっ。」という押し殺した声。彼女はしばらくそのまま固まってましたが、のろのろとハードルから下りると、荷物を持って、扉のところで外をうかがってから急いで出ていきました。私はまだ身動きできません。ふと気がつくと、ほんとに漏れちゃったのか、手とブルマがびちょびちょになってました。それでふつうならパンツをもういちどはくんですが、はけずに、そのまま逃げだしました。ブルマの濡れたのを気づかれないように隠しながら、更衣室のロッカーからスカートを出して着がえました。

もちろんこの後、その子に話しかけるということはありませんでしたが（だいたい活発な彼女と、おとなしい、に近い私とは、グループが違ってました）、これが定番の「体育倉庫（ひとり）H」だった、っていうことも、やはりだいぶあとになってから知りました。

私もこれで、「体育倉庫おちびり」はやめました。そしてそのあとに初潮、冬に正しいオナニーを知りました。

高校一年

やっぱり最初はブルマでした。高校の体操服は、今でも学年ごとに色が違いますが、私が入ったときは、三年が紺、二年がグリーン、一年がえんじでした。そしてブルマまでえんじだったんです。中学のときは、部活のユニフォームもブルマは紺でした。それがいきなりえんじだなんて。その上紺色だと、濡らしても色が濃いのであまりわかりません（だから中三のときに助かった）。ところが、えんじの場合はすごく目だつんです。そして高校生になるとからだができあがってくるので、恥ずかしい丘のふくらみがけっこう目立つようになって。それで、中学のときの、おしっこ・お漏らしとブルマに、最近知ったオナニーが加わって、つながりがもっと強くなってしまいました。高校生になると、あんまり下ばきのブルマははかなくなるんですけど、私はこのえんじのブルマをいつもはいてました。そして体育の着がえのときなんかに、なんではいてるの、暑くない？って聞かれるので、いつも隅っこで、そそくさと着がえてました。でもそんなことがあったから、私は今でもブルマが卒業できません。そのあとも、紺色からはじめて、ブルー、グリーン、黒、赤、水色、ピンクなど、数えてみたら、十三枚も買ってました。

このころは、「初心者」のわりに、けっこうへんなこともしてました。一年のときには、授業中ひまだったので、かっこいいと思ってた男子（もちろん思っただけです）を見ながらスカートを股の間にはさんで上から触っていたら、よくなってきてしまって。このころ、着ているものの上から触るだけだと、なぜかあんまり濡れなかったんです。それで安心して、そのままいじりきって――いじっているうちにガマンしきれなくなって、そのままオナニーしてしまうことです――しまいました。

そして次が水着でした。中学のときは、ごくふつうのスクール水着です。名前のゼッケンをつけなければならないのが恥ずかしくて、いやでした。高校になったら、それがなくなりました。その上、それまでとは違って競泳用に近いようなので、けっこうかっこよかったんです。それで、スイミングショーツはいて、胸パッドも入れるようにしました。ところがそういうことになると、中学時代にやっていた着がえかたができなくなります。

中学時代は、からだがかわってくる時期なので、すごく恥ずかしいんです。だからプールの着がえでも、みんななかなか裸になれません。今のような上からポンチョのようにかぶって着がえることのできるようなタオルなんてのは、まだありません。それでどうするかというと、まずパンツとブラだけになって、その上から水着を着て、胸のところまで引っぱり上げます。それからブラを脱ぎ腕を通します。パンツは、まず水着の中でできるところまで下げて、片足（私の場合は左）の方をむりやり引っぱって膝を通し、つま先を通して抜いてしまいます。それから反対側の方に引っぱって、もう片方の足を抜くんです。着るときは逆になりますが、普通はパンツが濡れてしまうので、このときだけは裸になります。友達の中には、濡れるのもかまわないで、水着を着たままパンツはいてる人もいました。

そこでプールが午前中のときは、家から水着を着て、その上に制服を着ていきました。もちろん白いブラウスだけだと透けてしまってへんに思われますから、ベストを着て行きます。でも問題はトイレです。制服の下に水着を着てしまったら、ぜんぶ脱がないとできません。行かなくてもすむように、水分をひかえていました。午後からのときは、昼休みにトイレでいちど裸になって着がえてました。ところが意識するとだめになります。あるとき二時間目の途中で催してきてしまって。休み時間にトイレに行きましたが、やっぱりぜんぶ脱ぐわけにもいかず、あのプールのときの女の子のように、水着の真ん中をスイミングショーツといっしょにむりやり横によせてしまいました。そして三時間目、そのことを思い出して、またスカートの上から触ってシてしまいました。ですからいよいよプールというとき、私の水着の真ん中には、べったりとしみがついていました。

私が学校でオナニーしたのは、この二回だけです。でもみんな（授業中ではないかもしれませんが）何回かは学校でしたことがあるみたいです（さすがに男子とHというのは、いたかもしれませんが、見たことはありません）。そして私はこのときから、ふつうのときでもブルマとパンツの真ん中を横によせて、はいたままおしっこをするようになりました。

それからもう一つ、このころ、「立ったままおしっこ」ということに憧れました。「立小便」ではありません。小説などで、着物を着て立ったまま、っていうのがありますが、あれをやってみたかったんです。太宰の『斜陽』の冒頭に出てくるような優雅なのを。最初、家でだれもいないときに、下を全部脱いでしてみました。そこらじゅうに飛び散るし、足は伝わるし、失敗でした。考えました。しゃがむとちゃんと飛ぶということは、大陰唇が開いてないからかな、って思いました。そこで次は、股を大きく開いて、両手の指で大陰唇も開いてしてみました。今度はちゃんと一本で、真下、やや斜め前にいきました。慣れてきたら片手でも。股を開いてちょっとおしりをつきだしただけでもできるようになりました（これが一九七〇年ごろまではあった、正しい「女の立ち小便のしかた」だということはあとで知りました）。パンツはいたままで横からすることも。これは着物を着てるときなんかに便利です。

レズ

はっきり言うと、好きじゃありません。でも、何回かはしてます。きっかけは高一の秋の日帰り旅行でした。中学のときに太もも触りあった子と、いっしょに温泉に行ったんです。

別にHなことするつもりはありませんでした。ところが温泉に入ろうとしたら、その子の乳首がたってブラにしみができてたんです。「あっ、乳首たってる。コーフンしてる。」って言ったら、「なぜか…。」ってごまかしてました。絶対なにかHなこと考えてたと思います。「パンツも濡れてる?」て聞きましたけど、答えませんでした。それで、「こういうときに股の間触ってると、気持ちよくなってくるでしょ?」「あなたもしてるの?」白状しました。「みんなしてるんじゃない?」「あれ、オナニって言うのよね。」やっぱりその子のほうがよく知ってました。

その冬です。こんどは泊まりがけでした。夜、とうぜんのように、してる?なんて言いながら、太ももを触りはじめました。「週に一回くらい。」とか言ってました。だんだんコーフンしてきて、服を脱いで裸になりました。シーツ汚したらいけない、って思って、バスルームからタオル持ってきて敷きました。そしてまず私が彼女のおっぱいを「大きい。」とか言いながら触って（じつはぜんぜん大きくなかった）、だんだん下にさがって下腹部へ、毛のところ（こっちはぼうぼうだった）に。水びたしになった股の間に入って、クリトリスに触ったとたん、「あっ!」いかせました。

次は私がしてもらう番でした。ところが、太ももに触られただけで、ひっ!ってなってしまいました。敏感すぎたんです。失神しそうでした。おっぱいなんてもってのほか。ふくらはぎからはじめてもらいましたが、それでもけっこうきつかったです。そのうちその子が、「あっ。」って叫びました。「どうしたの?」「またやっちゃった。」おふとんの角にしみがついていました。私を触りながら、自分でも押しつけて、腰を動かしてたらしいんです。「あたし、いつもこのスタイルでしてるの。」「二回もいって、満足しちゃって…自分でして…。」私も、このまま続けていたらどうなるかわからなかったですし、「うん。」って言って、わざわざパンツはいて、上から触りました。こするまでのこともありません。すぐまた脱いで、「最後だけ触って…。」「そっとね…失神するかも…。」「失神はいいけど、失禁しないでね。」彼女が指先で、私の陰核にちょっと触りました。それだけで終わりました。「あっ！うっ！」その瞬間、大きなうんちをするときのように思いっきりきばってしまいました。彼女が驚いたように「おっと。」って手を離します。なんども体が飛び上がりました（これが「不随意の反射」か、ってあとで納得しました）。しばらくたって余韻がおさまってから、私がのろのろと起き上がると、「あなた、すごくはでに濡れるのね。それに、潮吹きなの？三十センチくらい飛んだわよ。」驚いて見たら、タオルからはみ出して、べちゃっとしみがついてました。すごく恥ずかしかったです。

翌日、お昼ごろ、ローカル線の無人駅で、待ち時間が一時間近くありました。ホームのベンチに座っていたら、彼女が私のロングスカートの上からいきなり太ももを触ってきました。「あっ…。」声が出てしまいました。「したい？」「うん…ガマンが…。」またHなこと考えてたようです。さすがにその場ではできません。それでトイレに行ったら、汲み取り式のすごく汚いのだったので、これは、って思いました。でも彼女がほんとにガマンできなくなってたみたいで、「外でする。」って言い出しました。駅の構内に廃車になった貨車が置いてありました。そのうらに回って草むらの陰で。そんなに時間ないから自分で、ってことになりました。彼女は地面にうつぶせになって、ジーンズのスカートをまくり上げて、パンツの中に手を入れていじりはじめました。私はちょっと離れて、おしっこするときのようにスカートを上げて、パンツの上からこすって。でも、真っ昼間から、アオカン、じゃなくてアオオナです。ぜんぜんコーフンしてきません。そのうち「あっ。」っていう声が。しばらくして「すんだ？」って聞かれたんですけど、「だめ。あきらめる。」そのままパンツ下げておしっこして、おさめてしまいました。もちろんその晩もいっしょにおふろ入って、しました。

でもこのときは、帰ってからのほうがたいへんでした。刺激が強すぎたんです。それまでは一週間に一回でよかったのに、毎日、夜になると濡れてしまって、それもガマンできるような状態じゃなくなるんです。どうしようもなくて、毎晩、自分で「処理」してました。そのうちだんだんパンツやブルマの上からこすってるだけじゃ満足できなくなって、とうとう指入れるようになりました。それでやっともとにもどりました。

指を入れるようになっても、陰核はいじってます。このまえ銀行の待合室で、置いてある女性週刊誌を読んでたら、「意外に知らないセックスの真実」という記事があって、思わず真剣に読んでしまったんですが、それによると、女性がオルガスムスに達する場合、陰核でいく「クリ行き」が四〇％、「膣いき」が三〇％、「どっちでも」が一〇％でした。クリでしかいかない人が多いんで驚いたんですが、私の場合一〇％です。ですからそのときの状況と気分によってしてます。

夢精

このころは、なにかあるとすぐコーフンしてました。オナニーのときもちょっと想像するだけで十分。辞書や百科事典で、「性器」や「性交」、「自慰」なんて引いてコーフンしてました（これもみんな同じようなことをやってたらしい）。この文章で使っている用語も、だいたいこのとき「最初」に覚えたことばです。「夜尿症」を引いたときはこわくなりました。「手淫が誘因になることもある。」でもやめられませんでした。さいわいに、今までしくじってしまったことはありません。

それから、ときどき夢精もしてました。女の場合精液を出すわけじゃありませんから、夢精とは言えないかもしれませんが、やっぱり夢を見ていくわけですから、そう言っておきます。あの初潮のときもそうかも。そしてはじめのころは、やっぱりおしっこの夢でした。目を覚ますと、だいたいタオルケットやおふとんを股の間にしっかりはさんでるか、冬だとパジャマのズボンの中に手をつっこんで、まるまってます。それが、オナニー覚えてからHな夢にかわってきました。でも、実際に見たことがないので、まったくたいしたものではありません。たとえば、同人誌で一緒だった男子（べつにそれほど好きだったわけではない）とプールサイドのチェアでならんで座ってます。ふと見ると、彼の海水パンツの前がぬるぬるしたように濡れてます（勃起してたようには思えません）。そして私の水着の真ん中もべちょべちょ。わっ、恥ずかし、って思って隠そうとしたら、彼が私の上に覆いかぶさってきて、海水パンツのまま私の水着の上から押しつけてきます。それで終わりです（このころのウエットドリームで覚えてるのは、このくらいです）。でも、このころはいやでした。ちょっとのことでイってましたので。夏、汗のかきすぎでパジャマがなくなってしまって、Tシャツとブルマで寝たら、それだけでイったりして。昼寝する前にHなこと考えていてそのまま寝たら、やっぱり、とか。それでしょっちゅう汚した下着を隠したり、こっそり洗ったりしなきゃならなかったですし。でも、だんだん慣れてくるとしなくなって。そうすると逆に夢精もいいかな、なんて思うようになりました。

さすがに最近はいかなくなりました。最後にイったのは、三十少し過ぎた頃です（その前から五年ぶりくらいで！）。ものすごく疲れてたので、漢方薬をはじめて飲んでみたんですが、それで。やっぱりふとんをはさみこんでました。ふつうならそのまま起きて処理するんですが、うれしかったので、まだ固くなったままの陰核をブルマの上からいじりながら、しばらく余韻にひたってました。でもおさまってくると、下腹部というか膀胱がちくちくと痛むような、へんな尿意がしてきて。

高校二年

このころスタイルが決まりました。週に一、二回、なか二、三日。勉強が終わっておふろに入る前が多かったです。場所は二階の自分の部屋。パンツを脱いでブルマだけになり、中にティッシュ敷きます。ブルマだけ、っていうのは、パンツを汚すと困るから、っていう表向きの理由もありますが、やっぱり「ブルマ」でコーフンするためです。そして真ん中、つまり陰核を上からこするか、横によせて指を入れるか、でした。ブルマを洗濯する前は、ティッシュもはさまないで、そのままやって汚してました（だから、いまだに電気をつけたまま、明るいところでオナニーしてます）。

勉強中に難しくてわからないことが続くと、考えながらいつの間にか手が前にいってしまって、っていうことも。気づいたら陰核がかちかちになっていたり、パンツが濡れてたりするんです。だいたいやめるんですけど、気がつくのが遅かったりしてそのままガマンできずに、いじりきってしまったこともあります。

こんなふうに、何となくかもしれませんが、しょっちゅう触ってたので、ブルマの前と真ん中がてかってきました。そして最後には（大学四年のころ）すり切れてしまいました。

妹に見られかけたこともあります。四コ違うんですが、二十代の半ばで結婚して、子どもが二人います。いちど冬にこたつで勉強してるときに、ジーンズ下げてパンツの中に手を入れてたら、急に上がってきて、あわててふとんで隠したんですけど、ティッシュの箱とか置いてあったし、どうも気づかれたみたいでした。彼女もしてたようですが、いつごろからかはわかりません。私よりは早かったみたいです。いちど妹にものを借りようとして机の引き出しを開けたら、奥のほうに汚れたパンツが隠してあるのを見つけてしまいました。

母に見つかりかけたことも、当然。定番の、下げたパンツをスカートで隠して、っていうことも。また、妹が合宿に行くのにブルマがいったらしくて、母に、貸してあげなさい、って言われて（自分のはどうしたの？）、出してみたら、しみがべったりとついてて、どうしようもなくて、学校に置いたまま、ってごまかしたこともありました。

それからこの頃、私の体が急にふっくらしてきて、胸もお尻も大きくなりました。下腹部や恥ずかしい丘も丸くなりました。ところがお尻が大きくなったことで、今までのふつうのパンツ（グンパン——グンゼのパンツの略——と言われてた）が、気をつけてないと、ブルマからはみ出してしまうようになりました（そういうのを「ピンクちゃん」〈ブルマがえんじでパンツが白なので、混ぜてピンクということと、色っぽいの掛詞〉と〈本人には気づかれないように〉呼んでました）。それで、ハイレグのビキニタイプの下着を自分で買うようになりました。

パンツ

このころからはくようになった下着ですが、男性週刊誌の言いかたをすると、「パンティー」だと思います。ところが、女性の下着売り場で「パンティー」と言うと、ショートパンツのような、少し丈があるもののことになります。ふつうのは「ショーツ」（英語の「ショート」が語源）、それがビキニだとかスーパービキニ、ハイレグ、Tバックなどに別れます。スキャンティー（「足りない」という意味の「スキャンツ」から）という言いかたは日本ではあまりしません。女どうしでは、そういうのはぜんぶひっくるめて「パンツ」と言っています。Tバックは、ヨーロッパに旅行したときに、向こうの人がみんなはいてたので、帰ってきてからはいてみましたが、失敗でした。私には痔の気があります。Tバックだと穴のところがすれて、痛いんです。なんだか情けないです。

レズ　その2

あの最初にレズった子と、二年の夏に、もう一回だけしました。うちに遊びに来たときです（高校は別です。彼女は女子校でレベルが低い！）。当然、その後、どう？　してる？　私はもう毎日。夜になるとガマンできない。早く男の子と。大学に入ったら、って言ってました。私もコーフンしてしまって、する？って聞いたら、もちろん、ですって。部屋のカーテン引いて、すぐ裸になりました。彼女は、まだふつうの白のおとなしいブラとパンツでした。すでにすごく濡れて色がかわってましたけど。それを脱がせて、まず乳首なめてあげました。かちんこちんになって、汁が出ていました。ちょっとしょっぱかったです。股の間は触ってあげただけです。なめてあげようかとも思ったんですが、こわくてできませんでした。彼女も私の乳首をちょっとなめてくれたんですけど、また私が失神しそうになったんで、すぐにやめました。それから私が下になって、彼女がかぶさってみたんですけど、足を閉じてたらクリトリスがあたりません。足開いて彼女が右太ももの上に乗ってみました。それなら私も彼女の太ももでこすってもらえるし、彼女のほうもうまく押しつけられるようでした。彼女はしばらく、いい、いい、と言いながらからだを動かしてたんですけど、きゅうに止まって、もうだめ…いってもいい？って。私、えっ、どうしよう、って思ったんですが、すぐに彼女が、うっ、ってのけぞって。太ももとか股の間に、あったかい液体がかかって流れました。そのあとは、私も半分イったみたいだったんですけど、満足してなかったですし、といってはじめから触ってもらうのはあいかわらずだめっぽかったので、ブルマをもう一度はいて、自分でいじって、最後だけその上から陰核触ってもらって、イきました。

スキー実習

この冬、スキー実習がありました。行きがけ、高速が雪で渋滞してバスが動かなくなりました。私は前でおとなしく本を読んでたんですが、後ろのほうに座ってたにぎやかな女子が八人ほど、きゅうに前にやってきました。そしてガイドさんに何か言って、降りていきました。なんだろうと思って見てたら、みんなガードレールをこえて土手を下りて、そこで一人の子のまわりを囲んで。そして、二人目、三人目。ガマンできなくなっちゃったんです。またへんなところで濡れてしまいました。

旅行中はみんなといっしょだから、しませんでした。夢精とかしたら恥ずかしいですし、前の晩にオナっておきました。でも、同じ部屋の人で、男ほしい、男の部屋行こうか、なんて言ってるのも。実際行かなかったとは思いますが、トイレで処理してた人はいました。夜中にトイレに行ったら、一つの個室に誰か入ってました。それまでしていた音がしなくなって、私が帰るまで息をこらしているのがわかるんです。私もしたくなりそうだったんですけど、とにかくおしっこすることでガマンしきりました。

パンスト

スキーのときにはタイツをはきますから、このあと、寒いときにはパンストをはくようになりました。今の高校生なんかは、はいてないことも多いですが、私たちのころには、みんなはいてました。はかなくなったのは、私たちが大学に入ってからレッグウォーマが、その翌年にルーズソックスがはやってからです。とくに黒のは足が細く見えるんで人気がありました。

私は、体育のないときは、ストッキングの上にさらにブルマをはいてました。色の薄いパンツの上にストッキングをはくと、股の間に縫い目の線がきます。それがけっこう色っぽいような気がして。またその線がブルマの上に出てくるのも。自分で鏡に映して、コーフンしたりしてました。

でも、ストッキングをはいてると、とうぜん「横から」はできません。下げてオーソドックスにしなければならないんですが、ストッキングの上にきついブルマだと、簡単には下がりません。寒いので近くなってます。あせったことが何回も。スカートをまくり上げて、ブルマとストッキングとパンツを三枚いっぺんにむりやり下げて。しゃがむ間もなく出てしまって、かかってしまったこともあります。

レズ　その3

三年の春休みに、同じクラスの子を誘ってスキーに行きました。そして夕食のあと、テレビ見ながら太ももに触ったんです。びくってしたけど、逃げなかったんで、そのままなでて、しばらくして、股の間濡れてきた?って聞いたら、恥ずかしそうに「うん…。」なんて言うので、ときどき自分でしてるんでしょ、って言いました。やっぱり「あなたもしてるの?」みんな処理するので悩んでるんです。性欲。どのくらい、って聞いたら、週一回くらい、って。それで、今日は私がしてあげる、って、ジーンズ脱がせて寝かせて、パンツの上からいじってあげました。途中で、「待って、このままじゃパンツ汚れる…紙入れる。」ってティッシュはさみましたけど、もうだいぶ濡れてました。そのあとちょっといじったら、いきなり、「あ…いっちゃう…うっ!」のけぞってしまいました。でもそのあとしてもらおうと思ったら、「あたし、だめなの…。ガマンできなくなってするんだけど、あとでむなしくなって…。」罪悪感が強いんです。「じゃ、私も今日はしない。ちょっと下痢ぎみだし。」って、トイレ行って、おさめて戻ってきたら、「よくガマンできるわね。あたしは、一回コーフンしちゃうと、どうしてもガマンできないの。」「下痢なの？　おなら気をつけてね。味《み》が出るわよ。」なんて言いました。それで、「ひどい、また濡れてきちゃったじゃない。もう一回してあげる。」いやだって言ったんですけど、ジーンズの上から強引に触ってしまいました。私も弱いんですけど、その子もけっこうだめで、こんどは紙はさむひまもなく。そしてすぐに寝てしまいました。よっぽどきつかったようです。私はもう一回おふろ入ってガマンしました。次の晩は、「あなた先いくと、私できなくなるから、先にして。」って、パンツだけでしてもらいました。その子は服着てましたけど。でも私のを触りながら、自分でもいじってたみたいで、私がイくより先に、うっ…って。そのあとやっぱり、「自分でして。」いやでしたけど、きのうもガマンしてましたから、さすがにどうしようもなくて。でも、このときは「処理した」って感じで、あんまりよくありませんでした。

高校三年

すごく恥ずかしかったことが二回ありました。

最初は、体育で平均台やってたときです。またがったら陰核があたってしまったんです。そういうとき、ふつうはなにも感じないか、痛いだけなんですが、なぜか気持ちがよかったんです。そして急に濡れだしてしまいました。べつにへんなこと考えたわけじゃないんですけど、しばらくしてなかったからたまってたのかもしれません。自分の番じゃないときにこっそりのぞいてみたら、ブルマの真ん中の色が微妙にかわってました。見つからないように、って気をつけてました。でもだいたいバレるんです。乳首が立ってたり、乳汁が出てシャツにしみがついたりで。私の場合、純情イメージでしたからだいじょうぶだとは思ったんですが、だめだったかもしれません。あの子、知らないと思ってたのに濡れてる、やっぱりしてる、とか。私もほかの子のに気づいて、想像してしまったこともありますし。

そしてその日は、そのせいで夜までもちませんでした。帰る途中でも、ずっとそのこと考えて濡れつづけてました。家に着いて部屋で制服を脱ぎます。下にはいてたブルマ見ただけでもうだめでした。上から押さえつけてしまって。ほとんど早漏でした。

ブルマなんてものは、高校三年間のあいだに買いかえたりするものではありません。だからこのころになると、もうぴちぴちになって、脱いだりはいたりがかなりたいへんになってきました。それで、トイレのとき、はいたまんま真ん中を横によせただけでするのが「ときどき」ではなく「いつも」になりました。あるとき、授業がはじまるちょっと前に、急いで入りました。下着もビキニのちょっときついのでした。スカートをまくり上げて、しゃがんで、先にペーパーを取って左手で持ち、ブルマとパンツの真ん中を右手の指で横によせて、しました。出はじめると同時に、消音のためにレバーを押して水を流します。すごく催してた、ってことはありません。もしそうならこんなにゆっくりしてられません。ただいつもとちょっとちがったのは、急いでたので、きばって、勢いよく飛ばしたことでした。終わりました。ふいて、真ん中を戻して、ブルマの中にパンツがちゃんと収まるようになおして、立ちあがりました。スカート下ろして水を流そうとしたときでした。シャーッ…。残ってたんです。棒立ち、っていう状態で、身動きできません。あったかい液体が太ももの内側を伝います。どうしよ…どうしよ…。でも、どうしようもありません。だいぶ出てしまいました。泣きそうになりました。止まってからもう一度ペーパーを取って、足をふきます。ブルマとパンツはあきらめてそのままでした（このあと体育がなかったからよかった）。泣いちゃだめ、って思いながら鼻をかみました。こういうのは急ぐとだめみたいです。同じ失敗を何回かやってます。授業には遅刻しました。授業中にパンツが乾いてきて、大事なとこがかゆくなって困りました。

そしてやっぱり家に帰ってすぐ、着がえるときに、パンツとブルマのしみを見て…。

一人旅

夏休みに、はじめて一泊の一人旅で海に行きました。よく旅館が若い女の一人旅を受け入れてくれたたと思います（電話で予約した時に、まさか高校生とは思わなかったんだと思います。宿帳にはサバを読んだ年齢を書きました）。旅館の前がビーチで、部屋から水着のまま泳ぎにいけました。

プールでなくて海、ってことになりますと、まずするのが、水中おしっこです。直前の何ともいえない緊張感と、出た瞬間の解放感、股の間がなまあったかくなる感触、上から触ってみると、おしっこの勢いのせいで水着のぬるっとするような感覚。たまってるとオルガスムスみたいになって、思わず声が出てしまったりします。深夜ラジオで、本当に泳ぎのうまい人は泳ぎながら大小便ができる、って聞いて、おしっこだけ挑戦してみたこともあります。やっぱりできませんでした。

そしてこのときは、だれを気にすることもなく耽ることができました。夜、もういちど濡れた水着を着て、その上に体操服のシャツ着てブルマはいて、部屋のトイレでそのままおしっこして、その姿を鏡台に映して…。

この時から、一人旅をするようになりました。

予備校

私は浪人しました。よく言われる、オナニーのしすぎで勉強ができなかった、っていうわけではありません。ちょうど第二次ベビーブームで、入試がすごく難しかった時代だったんです。

予備校のときは、勉強ばっかりで灰色だったという人が多いようですが、私はそれほどでもありませんでした。憧れた人もいました。もちろん話などしたことはありません。むこうのほうから数回声をかけてくれたことがあるだけです。それだけでうれしくて。その人のこと考えながらオナニーしました。この時はじめてオナペットがちゃんとできました。私は、ほかの子のようにアイドル歌手に憧れたり、なんてことはありませんでした。「ことば」で想像したり、自分の「へん」な姿を鏡に映してたりして、コーフンしてたんです。

それから、よく近くの大学図書館にもぐりこんで勉強してたんですが、休憩のときに書庫に入って、いろんな本を見てました。あるとき、あの有名なキンゼイ・レポートの日本語版を見つけました。女性のオナニーは六〇％とあって、安心しました。でも、なんでも最初のときはすごくコーフンします。そのまま書庫で立ったままシてしまいました。またその本で騎乗位っていうのも知りました。これだと、女性はオルガスムスの直前または同時に放尿する、って書いてありました。それでその晩、ノーパンで白のショートパンツ、上はブラだけで、じゅうたんの丸めてあったのにまたがってみたんです。上にはタオルをかけて、横にぞうきんも用意して。もしかして騎乗位？なんて思いながら、からだを前後させて陰核を刺激しました。おしっこはしませんでした。なあんだという気持ちと同時に、しなくてよかったとも思いました。

英語の俗語辞典というのも見つけました。これは、英語の俗語を日本語の俗語で訳してあるものです。さっそく「masturbation」を引いてみました（「onanism」で引いたら、そちらを見よになってた）。その中で、いちばん私にあっていて、その場でする原因になったのは、「ポケットプール」＝「スカートやズボンをはいたまま、下着の中に手をつっこんでするオナニー」でした。うん、「ポケットの中の水たまり」か、たしかにパンツ水びたしになるし、なんて一人で納得してました。

レズ　その4

夏、気分転換ということで、あのスキーにいっしょに行った子（彼女も浪人中。予備校は違った）を誘って、日帰りでサイクリングに行きました。山のお寺でお弁当を食べているときに、「あなた、下に何着てるの？」ポロシャツにハーフパンツですけど、下は水着だったんです。透けて見えないように色物を着てたんですが、形が出てたみたいです。「どうして？」「汗かくと汗じみができるでしょ。だから、汗とり。」「ふーん。」納得するはずがありません。「それに、こういうサイクリング車って、長いこと乗ってると、あそこがあたったりしない？途中で気持ちよくなってきちゃったりして。水着着るとおさえられるから、大丈夫でしょ。」「おしっこ、どうするの？」「しない。汗かくから、たぶんだいじょぶ。」「ガマンできなくなったら？　ぜんぶ脱ぐの？　漏らす、とか？」「真ん中、横によせて、する。」「して。」「いやよ、べつに催してないもん。」そんなこと言ってるうちに、二人とも濡れてきてしまいました。無住のお寺ですし、誰もいません。でも、見られるかも、っていう意識があります。どうしよ…どうしよ…と思ってるうちに、ぐちょぐちょになってしまいました。とうとう私が、あたりをうかがいながら、彼女のハーフパンツの上から触りました。彼女ったら、そのとたんに、「うっ！」って、一発でいってしまいました。それで私はまたハーフパンツの中に手入れて、水着の上から自分で…。おしっこじゃなくて、別の液体で水着をぐちょぐちょにしてしまいました。

考えてみると、このころからいろんなことの「開発」がはじまったみたいです。自転車だと、予備校から帰ってくる途中に夕立でずぶ濡れになって、またまた色っぽい女になって、雨宿りに寄った公園の茂みの陰で、雨に濡れながらシたことも。また未舗装の道を走ってるときにほんとにあそこがあたってよくなってきてしまって、道端に止まって、サドルに押しつけてしまったこともありました。

大学

それで、一浪で大学に入りました。私立ですが、女子大でない、関西では「レベルの高い」と言われるところです。

はじめは今までとそんなにかわりませんでした。ですが大学はやはり人が多いので、今までは考えられないようなへんなことがありました。

入って数か月後のことでした。トイレに入りました。大学のトイレというのは、校舎が古いと、だいたいタイル張りなどで寒々としているものと決まってます。そういうところで洋式には入れません。だれがどんな状態で座ったかわかりませんから。それで和式に入ると、利用者の多いところだと、あわててしたか、勢いよくしたかで、床がべちゃべちゃに濡れてたりします。うんちが後ろのほうにべっとりついているのはあたりまえ、便器のふちに乗ってたり、外に落ちているのもあります。それで私は、わざわざ遠くの、人のあまり行かないところまでいっててました。そのときは生理中だったので、ついでにナプキンかえよう、って思って、サニタリーボックスを開けたんです。なんかへんなものがつっこんでありました。不思議に思って（またじゃまだったので）、引っぱり出してみたら、パンツでした。白地に細かいいちご模様のかわいいもの。でもうんちがべっとり。うわっ、だれかちびったんだ。いや、ちびったどころじゃない。それでここにパンツ捨ててあるっていうことは、ノーパンで帰った…。思わずコーフンしかけましたが、しませんでした。大学ではこんなことがほかにも何回かありました。

水着　その2

大学でも、一年のとき、プールの授業がありました。そのときの水着は、もちろんスクール水着やビキニなんかでは恥ずかしいです。ふつうのワンピースの競泳用のを買いました。それといっしょに、憧れていたビキニのセパレーツのも。黒地に花模様で、私としてはがんばってはでにしたつもりでした。でも、あんまり使いませんでした。年に一、二回でしょうか。夏の旅行のとき下着のかわりに着ていったこともあります（ブラの方も）。そののちボトム（パンツ）のほうは、オナニー用になってしまいました。

このビキニを着て、三年のとき、グループで海水浴にいったことがありました。その中に白いワンピの水着の、けっこう美人の高校生の子がいました（誰かの妹）。その子が海から上がってきたのを見て、どきっとしました。前がくろぐろしてます。透けてる！　スイミングショーツちゃんとはいてるのに（ただしベージュのでした）。あわてました。もしかしたら私も。股の間をのぞきこみました。水着が黒だったのでだいじょうぶでした。でも足のつけ根のところから、大量にはみ出てました。気づかれないように押し込みました。

私は、それまでぜんぜん除草してなかったんです。もちろん脇毛も。ノースリーブやタンクトップなんて着ませんでしたから。このときからちゃんと除毛するようになりました。

おしっこのガマン

女はおしっこがガマンできない、なんて書いてる本があります。これはウソです。確かに急に「くる」――催してくることはあります。そのときはけっこう切迫してくるので、だいたいそのときに行きます。だから「ガマンできない」っていうことになったのかもしれません。でも、なにかの拍子に、たとえばほかのことに集中してしまったり、行けなくてがんばったり、いじって濡れてしまったりして、その切迫している時期をこえてしまうと、けっこう「もち」ます。

その夏休みのことです。旅行に行きました。友達に会っていっしょに夕食をして、ホテルに帰るのにバスに乗ってました。ビールを飲んでたのでたまってたみたいです。バスが揺れた瞬間、きゅうに漏れそうになりました。あわててガマンしました。よく家に帰ってきたりすると、安心するせいか、それまでそんなでもなかったのに、急にすごくしたくなる、ということがあります。このときも、着がえもせずにトイレにとびこみました。そしてそのとき、一度わざとではなくてほんとに漏らしてみようかな、って思ったんです。

次の日フェリーに乗りました。バス付きの個室を取ってました。到着は翌日の昼前なので、今日できる、って思いました。漏らして濡らしてしまっても、洗ってかわかす時間がありますから。それで、ビキニの水着の上にブルマとTシャツで、朝からずっとガマンしつづけました。ところが、たまったんですけど、意識すると漏れません。苦しい…膀胱が破裂しちゃうんじゃ…。どうしようもなくなって、わざと漏らしてからオナりました。

でもそのとき、パンパンになってまんまるになった下腹部を、うつぶせでベッドに押しつけると、すごく気持ちがよかったんです。漏れそうな気持ちが。ひょっとしてあの状態でオナニーしたら、例の「オルガスムスと同時の放尿」になるかもしれない、って思いました。それで次の日、やっぱり朝からぎりぎりまでガマンしてシたんです。最初おしっこのほうに意識がいってなかなか濡れませんし、陰核も半勃ちの状態でした。でもあるところまでゆくときゅうによくなってきて、「おしっこ漏れそう」になり、「漏れる」と思った瞬間にオルガスムスにかわって、いっきに。でも、さめたあと、下腹部が苦しくなって、すぐにトイレに行きました。

このときから、この「おしっこガマン」で楽しむことが多くなりました。

初デート

二年のとき、ほんとに好きな人ができました。第二外国語のときに、席が前と後ろだったので、話をするようになって。うれしかったです。いろいろ想像しました。ただ、彼のことを思いながらオナニーはしませんでした。せっかくの彼を汚してしまうような気がしましたので。

その彼に、夏休み前にハイキングに誘われました。もちろん喜んでＯＫしました。そして当日。私のことですから、当然なんにもありません。ただ、帰りの電車の中で、彼が手を握ってくれました。すごくうれしかったんですが、そのかわりたいへんなことになりました。それだけで濡れはじめてしまったんです。大量に。恥ずかしくて身動きできません。気づかれるはずはないんですが。時間は三十分くらいだったでしょうか、降りるときになって、ああ、もう降りるんだ、っていう気持ちと、恥ずかしかった、っていう気持ちが同時におこりました。降りてから、トイレ行ってくる、って言って、見たら、パンツだけじゃなくて、スカートの裏地と、スカートにまでしみてしまってました。その晩はしませんでした。したら必ず彼のことを考えてしまいますので。

うんち

そのころ家が改装工事することになって、妹と同じ部屋に寝なければならなくなりました。オナニーできません。家のトイレではバレそうなので、駅のトイレでシてました。妹の方はどうしてたかわかりません。ある日それでトイレに入ったら、うんちがしたくなってしまいました。雰囲気で催してしまったんです。でもうんちを先にしたら、おさまってしまいます。それで先にオナったら、イったとき（きばるから）うんちが出そうになったんです。そしてそのあとものすごく大きいのが出ました。それでこんどは、「お漏らし」と「うんち」がつながってしまいました。うんち漏らしてオナニーを、って思ってしまったんです。ところが機会がなかなかありません。もちろん旅行に行って、バス・トイレのあるところでないと、あとの処理のことがありますからできません。またそういうところに泊まっても、そう都合のいいときに催してくるとは限りません。成功したのはこの二年半ほどあとのことです。

便秘

大学に入ると、登校時間が不規則になります。それでうんちも、それまでのように朝かならずではなくなって、便秘ぎみになりました。三日くらいためるのはあたりまえ。ときどきすごく大きいのをして流れなくなり、そのままにしてて、妹に「あんなおっきいのして。ちゃんと流してよ。」などと言われてました。そういう妹もやっぱりおんなじで、その上けっこう紙を使うので、完全につまらせたりしてました。いちど妹が出てきたときに交替で入ろうとしたら、「入るな！」「どうしたの？」「退避ー、退避ー。」（このころ『ゴジラ』シリーズの映画がはやっていた）便器からあふれてました。女は肛門の前が膣だから、男よりもうんちが太くなるという話を聞いたことがありますが、ほんとでしょうか。

三年のとき、はじめて一週間ためこんでしまいました。おなかをこわして下痢止めを飲んだら、こんどは止まりすぎてしまったんです。さらに途中から旅行に行ったので。旅行に行くとだいたい出なくなります。でもさすが一週間となると、吹き出ものは出てくるし、いつも下腹部が重いような気がして、とうとう下剤を買いました。浣腸ではありません。浣腸は小学生のときにしたことがありますが、あの、したあと効いてくるまでガマンしなければならないのがきつくて。説明書に「排便期待数時間前に飲んで下さい」と書いてあったので、昼食後に飲みました。ところが、さっそく一時間後くらいにきました。観光地の、あまりきれいではないトイレに入って、というか入りたくなかったんですけど、おなかが痛くなってきてたので、しゃがんできばって。出ません。十五分くらいがんばってみましたが、洋式トイレで慣れてるんで、足はしびれてくるし。おなかの痛いのも止まったので、あきらめて出ました。そして夕方。ホテルに戻ってしばらくしたら、またおなかが痛くなってきました。今度は立ってられない状態です。部屋のトイレに座ると、すぐにものすごく固いのがポロポロッと出ました。出ない、って思ってると、催してきました。「うーん、うーん」と声を出して――声を出すと、意識するからより力が入るようで――思いっきりきばったら、お尻の穴がはり裂けそうになりました。いたっ…。でもここでお尻の穴をつぼめたら、またひっこんでしまって出なくなる、って思ったので、痛いのをガマンしてさらにがんばりました。いた…た…た…た…でる…。出たっ！って思った瞬間、ズドーン！どどどどっ、っていっきに出ました。そしておつりが大量に。固くなってひっかかってたのは、最初のとこだけだったんです。あとは下剤でとけたのか、やわらかくなってました。このときの解放感はすごかったです。やった！という感じで。でも、あーすっとした、って思ってお尻をふいたら、ものすごく出血してました。このときから痔に近い状態になって、大きいのをすると必ず切れてしまうようになりました。

こんな一週間もため込んだのは、あと一回だけです。

着物

お正月、彼の家に招待されました。せっかくだからということで、去年買ってもらった振り袖を着て行きました。

成人式のときは、はじめての着物ですし、慣れてなかった上に、美容院で着付けをしてもらったら、ぎゅうぎゅうに締められて、パーティーのときにもあまり飲んだり食べたりできず、トイレにも行きませんでした。

このときは飲むということがわかってましたので、少しゆるめに着付けしてもらいました。彼の家には昼過ぎから夕方までいました。ところが帰る途中できてしまいました。たぶん彼の家にいたときには緊張してたからだいじょうぶだったんだと思います。彼の家でしてくればよかった、って思いましたが、どうしようもありません。駅のトイレでは着物を汚してしまいそうです。近くのホテルにとびこみました。個室に入って、袖を肩にひっかけて。帯にはさんでいるひまなんかありません。裾をがばっとまくり上げて、パンツ下げて、しゃがんで。あやうく間にあいました。

そのせいで、帰ってから着がえる前に、もういちど姿見に写して見てたら、思い出してしまって。そのまま前を割って、パンツの横から指を入れて。はじめて彼のことを考えながらシてしまいました。

すごくよかったです。旅行の場合もそうだと思いますが、非日常性というものがいいんだと思います。それで着物ファンになりました。でも、振り袖がしょっちゅう着られるわけがありません。それで両親にねだって、丸洗いのできるふつうの着物を買ってもらい、着付け教室に通って、ときどき着るようになりました。そしてそういうときは、だいたい…。

アオカン

私の場合、アオオナでしょう。最初は例のレズの、あの途中でガマンしたやつです。でも本当に意識してしたのは、四年になった春でした。

一人旅をするようになってからは、旅行中に、耽るぞ、って思って、その十日前くらいからガマンするようになってました。ところがそれだけ「ためて」しまうと、出発したあと、へんなときに濡れてきてしまうことが。このときもそうでした。岬の展望台で海を見てました。暖かくて、すごく気持ちがよくて。まわりには誰もいません。思わす前を触ってしまいました。そのとたん。このときはいていたのはジーンズでした。ジーンズは固いので、上から触るだけではだめです。それで春の日をさんさんと浴びながら、下げて、パンツの中に手いれて。すごく健康的でした。イった瞬間、「あっ」て声が出てしまいました。オナニーで声を出したのは、このときがはじめてです。でもそのあと、紙ははさんでたんですがやっぱりパンツが気持ち悪かったです。

*

この岬に、十数年ぶりに行きました。「○○ランド」などというのができて、すごくきれいになってました。その中に灯台がありました。そこまで上がってみたら、あの展望台がまだあるんです。公園のすみっこに、忘れられたみたいに。行ってみました。思い出して濡れてきてしまいました。天気もあの日と同じように暖かです。でも、同じようにするわけにはいきません。そんなことしたら、もうとしですから、消耗してしまって、歩いて帰れなくなります。でもだれも来ないのはわかってます。せっかくだから、って思って、展望台の上で、トレパン下げてしゃがんで、下ばきのスカパン（このときはブルマじゃなかった）と、ピンクのシルクのショーツの真ん中をまとめて横によせて、おしっこしました。

卒業旅行

就職が決まって卒論も出してしまうと、すごくヒマになります。みんなこの時期に旅行に行ったりします。最近は男子とグループ旅行で、乱交する人もいるようです。ある国立大学で、すごくまじめな子が飲みすぎてこわれてしまって、とつぜん裸になって柱に抱きついて、「セミ」とか言っておしっこをしたとか、妊娠してしまって就職を断った、っていう話を聞いたこともあります。私たちの大学では、それはありませんでした。時代でしょうか、みんなまじめだったんです。私は例のごとく一人で、国内でした。彼とはすでに別れて、というか私のほうがあきらめてました。それでこのときは、今までのかわいそうな私を「慰め」ようという気持ちがありました。それでいろいろ「計画」してました。

でもその通りにはいきません。ためていたので、最初に行った山のお寺の境内で、ベンチに座ってお庭を眺めているうちに、催してきてしまいました。誰もいないし、時間もあったので、ま、いいか、って思って、パンツの中に手を入れました。ところが、いいところまできたとこで、表のほうで話し声が。あわててジーンズ上げて、逃げ出しました。股の間はぐちょぐちょに濡れてます。陰核も固くなったままです。「見られかけた」という意識、「見られてたら」という想像。さらにジーンズが固いので、歩いてるうちにこすれてよくなってきてしまって。とうとう道の真ん中で真ん中おさえてしゃがみこんで、うっ、うっ、うっ、って…。本当にイったのかはわかりません。しばらくしたらおさまってきたので、また歩き出しました。駅に着いて、トイレに入ってパンツ見たら、すごいことになってました。

そしてこのときから、ジーンズをはくのをやめました。

次のお寺に行って休んでたら、思い出して、またものすごく濡れだしました。やっぱりイってなかったのかも、って思いましたが、どうしようもなくなって、こんどはちゃんとトイレでシました。ただパンツはもう汚してしまってたので、ティッシュははさみませんでした。

ところが、このときはもともと「うんち遊び」をしようと思ってたんです。ですから、朝、うんちをしてません。夕食のころから催してきました。このころは元気でした。また、しよう、って思いました。服を脱いで、例のビキニの水着になりました。そして（はじめてだったので）水着の中にペーパー敷いて、さあ、って思って中腰になりましたが、いざとなるとやっぱりこわくなって。自分でも顔が赤くなってるのがわかります。うんちはすごくしたいです。それで、落ち着いて、落ち着いて、って自分に言い聞かせて。大きく息をついて、んっ！ってきばったとたん、むりむりむりむりっ…。大量に。穴のまわりににゅるっとしたものがとぐろを巻くような感じがなんともいえず、「あっ！」って大きな声を出してしまいました。それだけでイったみたいでした。水着の上から触ってみたら、手いっぱいどころか。そのまま部屋の中を歩き回ります。立ったりしゃがんだり。べちょっとくっつく感覚、ぐちゅっとつぶれる感覚。陰核はかちかち、股の間はうんちの上に愛液で、ぬるぬるしてます。指を入れることはできません。水着の真ん中を横によせたら、おっこちてきてしまいます。そのうえ前の穴のところまできてるので、指を入れたら中に入ってしまいそうです。でも、そんな必要はありませんでした。上から陰核を押さえただけで…。

ただ、うんち遊びは、そのときはいいんですけど、すんだあと、バスルームでお尻を洗ったり、うんちと愛液、場合によってはおしっこにもまみれた水着や下着を洗濯するのが、けっこう情けなくて。

バレー部

それで就職しましたが、女だらけのとこでした。

入ってしばらくしてから、バレーボール部に誘われました。この会社のチームは、かつては強くて、実業団でユニチカと覇を競ったときもありました。それが高齢化で弱くなってましたので、私などでも、四部リーグでしたけど、公式戦に出られました。ユニフォームは、第一が白でブルーの模様が入っているもの、下はまだ（ブルーの）ブルマでした。

そしてそのために、週に数回、夜、ランニングしてました。ところが、夜というと、人がそんなにいませんから大胆になります。Tシャツとブルマで走ってました。ある晩公園を通ったら、茂みの陰で男女が抱きあってました。あわてて離れたので、してはいなかったようです。それで、私のブルマ姿も見られた、へんに思われたかも、って思いました。でも、ちょっとは見られたい、って気持ちもあります。それでまずブラをしないで走りました。これは、行く前には、私、ノーブラなの、わかる？なんて思ってコーフンしましたが、失敗でした。走りはじめたら、ゆれて、じゃまで。さらに固くなっていた乳首がシャツとこすれて、痛くなってきました。しかたがないので、腕で胸をかかえてました。それで次のときは、ブラはしてパンツを脱いで。このときは、もちろん出発前にものすごくコーフンしてましたが、走ってるときにも濡れ続けて、そのうえ陰核がブルマや太ももとの摩擦でいい気持ちになってきて。やっぱり途中で側溝の上にしゃがみこんで、前を押さえて、うっ…うっ…うっ…。そのあとおさめるために、横からおしっこを、しょぼしょぼしょぼ…。女のおしっこは、勢いよくしないと、飛ばずにお尻のほうへまわってしまいます。このときも、ほとんどブルマを濡らしてしまいました。そして疲れました。

放尿

日曜日の朝からの試合のあとのことでした。駅でバスを待ってたら、数人の若い女の子がやってきました。そのうちの一人が、「トイレ行きたい…時間ないわね。」って言ったんです。それだけだったらどうってことはなかったんですが、もう一人の子が「この場で漏らしいよ…パシャパシャパシャ…。」それでだめになってしまいました。試合前には禁欲して、「ためる」

癖がありましたから、そのせいもあります。バスの中ではその子ばっかり見てました。漏らさないかしら？　バスがブレーキをかけたときに、下腹部が押さえられたら？

　その上、バスが着くすこし前になって、こんどはおならがしたくなってきました。ふつうは、うんちをしておけば出ないんですけど、朝が早かったりすると、トイレに入っても出ないときがあります。はじめはもぞもぞして、ガマンしようとしましたが、うんちがしたくなりかけてるわけですから、できるはずがありません。そして私のおならはふつうは音がしません。「スカ屁《べ》」です。バスもすいていたので、しよう、って思いました。ちょっとおしりを浮かせて、ばふーっ。ものすごい大きいのが出ました。ところが、おならをするために緊張をゆるめると。ちびりかけました。あっ、って思って力を入れて止めようとしたら、ぶびっ、っていうひどい音が。おしっこも止めきれなかったような気がしましたし、はさんじゃったかも、って思いました。下着はますますべちょべちょです。バスが終点に着きました。私もさっきの子は、って思ってうしろをついて行くと、やっぱり駅のトイレに直行しました。私も続いて入ります。となりであわただしく下げる音がしたと思ったら、消音のための水音が。すごい短い時間で出ていきました。

　私のほうはおさまってきて、かわりに尿意が。トイレは試合前に行っておくので（そうしておかないと、フルセットになったときなどに困る）、そんなにたまってることはなかったと思うんですが。やっぱり雰囲気だって思います。どっちにしろ下げなければなりません。トレパン、試合用のブルーのブルマ、ビキニのセパレーツの水着、黒のスイミングショーツ、四枚もはいてます。中をのぞいてみました。ぐっちょり濡れて、おしっこはどうかわかりません。そのかわりお尻のほうに茶色いのが。あーっ、私、ほんとにちびった、はさんだ、漏らした、「うんちびり娘」に。そういうことを思っただけで、また性欲が。立ったまま腰を引いて、うんちのついた下着を見ながら指を入れてしまいました。下腹部はちょっと張ってました。入れている右手の上から押さえると、おしっこ出そうな気持ちが。誰かに気づかれるかも、っていう緊張感でなかなかよくなってきません。それがある程度までいくと、いっきに。いつものようにおしっこが出そうになって、それが…。あーっ、あーっ、あーっ、いっちゃう、いっちゃう、いっちゃう…。

きゅうに手にあったかい液体がかかりました。えっ、おしっこ!? 思わず指をぬいてしまいました。その瞬間、オルガスムス! 陰核を押さえつけました。イった!「うっ…。」声出しちゃだめ、って思いながらも、声が。腰を引いたまま、開いていた膝を合わせて、上半身だけのけぞって、体をよじってしまいました。快感…うっ…うっ…うっ…。頭がぼうっとして、なにが何だかわからなくなりました。すごく…いい…。

ちょっとさめかけたときに、なんでこんなに続いたのかしら、って思いました。ふと気がつくと、足が濡れてます。下腹部も緊張が消え、すっとしてます。えっ? ぎくっとして下を見ました。あっ、おしっこ、漏れたっ!

すごい状態になってました。例の「オルガスムスと同時に放尿」になったらしいんです。その上、いつもとちがって下着を下げていたため、それに命中して、そこらじゅうに飛びちって、個室中水びたし。外にも流れていってるみたいです。涙が出てきました。でもどうしようもありません。気持ち悪いのをガマンして、ショーツ、水着、ブルマ、トレパンを上げて、外の様子をうかがって逃げだしました。あと一駅電車に乗らなければならなかったんですけど、乗れるわけもなく、歩いて帰りました。家に着くなりまた泣いちゃいましたけど、汚れたトレパンやブルマを見たら、なんとなく手が前へいってしまって。かわいそうな自分を慰めるということでしょうか、ベソかきながらもう一回シてしまいました。そして泣きながらすると、感情が高ぶっているせいか、すごくいいっていうことに気づきました。

その夜は、おねしょするんじゃないか、おねしょ癖がつくんじゃないかってすごく不安でなかなか寝られませんでした。

＊

でも、そのときはやばいと思っても、やっぱり。

その次のときも、やっぱりおしっこガマンしてしまいました。だって、絶頂が長く続く（ような気がする）んです。

私が指を入れるときは、右手の中指と人差し指、二本です。それを人差し指の第一関節と第二関節の間くらいまで入れたあたりの前側に、一番いいところ――Gスポット――があります。そこって、膀胱の裏側なんです。おしっこしたい、っていう感覚と、あっちの感覚がいっしょになって、オルガスムスがきつくなるんだと思います。

このときは放尿しませんでした。何回かやってるうちにわかりました。私の場合、どれだけためても、意識してると、括約筋ががんばってくれて、放尿しないんです。また私の愛液はふつうはあまりにおわないんですが、おしっことまざると、すごくへんな、きついにおいになることも。そしてもう一つ。よく男性週刊誌で「潮吹きの正体は」なんて書いてありますが、人によっておしっこと愛液と両方あるってことです。私の場合は両方でした。

レズ強姦されかける

二年目の忘年会のことです。二次会で女ばかりになったときに、四十代の既婚おばさん正社員が、酔った勢いか、「私、きのう、ひさしぶりにオナニーこいてもた。」と大きい声で言いました。夫がほとんど毎日飲んで帰ってくるので、できないのです。三十代のお局様、「ようやりかたおぼえてはりましたねぇ。」若い既婚者、「せやけど、自分から求めるのがめんどくさいときに、だんなのとなりでこっそりするのって、けっこうええんよね。」いちばん若い私は、すみっこのほうで小さくなってました。「あんたどうなんよ。毎晩ちゃんとオナっとんの?」やっぱりふってこられました。となりのお局様がブラウスの上から胸をつかんできます。「なんや、あんた、けっこう大きいやないの。そんな純情そうな顔して足閉じてなんかおらんと。はい股開いて(膝をつかんで股を開かせようとしました)、スカート上げて(スカートをめくろうとしました)、手、入れて(手をつかんで股の間にもってきました)、はい、オナる。」いっしょに手を入れてこようとしました。でも、スカートはいつものようにタイトで、ミニでもなかったですし、そんなに上がりません。それに私がからだをよじって逃げたので、お局様もそれ以上手を入れてくることはできませんでした。そして私がさらに小さくなってしまったので胸からも手を離し、その話は終わりました。またレズられかけてしまいました。こんなふうになりたくない、って真剣に思いました。

のぞき見

このころ、偶然のぞいてしまったことがあります。

となりに五コほど下の、体大へ通っていた子が住んでました。夏の土曜日、本を読んでいた私が一時ごろになって、寝ようと思って雨戸を閉めにいったら、豆電球がついて窓が薄明るくなってました。いつも網戸になっていても電気は消えているので、珍しいと思いました。丸いものが二つ動いているようです。なんだろうとよく見ると、膝頭らしいです。ベッドの上で膝を立てて、その膝が少し離れていて。伸び上がって見たら、その間に手があるらしい。うわっ、うわっ、オナニーしてる！　その場で固まってしまいました。でも、濡れるひまもありませんでした。気配で感づいたらしくて、窓を閉めにきたんです。もしかしたら、下半身まる出しで？

このときは、そのあとのほうが、想像してしまってたいへんでした。

一人暮らし

そして四年ほど勤めて、転職しました。そのとき職場の近くにマンションを買って、一人暮らしをはじめました。とうぜんオナニーライフが激しくなりました。ただ就職してからは、だんだん忙しくなってからだのほうがきつくなり、ペースは週一回になってましたから、激しくなったというより、一段とへんになりました。

まず、いろんな色のブルマを何枚も買いました。そして家にいるときは、下着はつけてますが、いつもブルマとTシャツでした（冬は寒いから、その上にセーター着て、トレパンはいたりしてますが）。そしてうまいぐあいに、夜、便意を感じたときには、そのまま中に。そして板を用意しておいて、それにまたがって、例のぐちょっとした感覚を楽しみながら、陰核を押しつけてイく。深夜ごみを捨てにいった帰りには（下はトレパンです）、茂みの陰でうんちして、そのまま階段を上がって（エレベーターはくさくなってしまうので乗れない）、部屋に入ったとたんにイく、ということも。

うんち　その2と3

でも、うんち遊びはなかなか「成功」しません。あの感覚がいいんですから、固くなっていると感じません。このころ、すごくよかったというのは二回くらいです。

一回めは、便秘で昼すぎに下剤をかけたときでした。夕食後に一回きましたけど、もうちょっと効かそうとして、ガマンしました。一時間ほどたってもう一回きました。ちょうどいい時間でしたし、これでしようと思って、いったんおさまったところで競泳用水着（ワンピ）に着がえて、上にブルマはいて、Tシャツ着ました。それで三十分くらい待ったら、とうとうおなかが痛くなってきました。しばらくガマンして、おさまったと思ったらこんどはすごく切迫してきて、お尻の穴に力を入れてないとだめな状態になりました。そしてそのときに力をぬいたら、すごく静かに、ぷすすすすっ、って出ました。それでおふろ場に行って、こんどはちょっと力を入れたら…。ぶぶぶぶぶぶぶぶっ！…ぼこぼこぼこっ…。最後のは、水びたし状態の水着の中に、さらにおならまじりの下痢便が出たみたいです。ブルマの上から触ってみたら、ぼちょんぼちょんしてあったかいんです。もうだめです。板にまたがって、押しつけようと思いました。そのとき、ぼたっ、って床に。あわてて用意していた鏡に映してみたら、水着の足のところからブルマも通過して、どろどろのが続いてどんどん落ちてきます。太ももの内側の敏感なところを伝う、くすぐったいような微妙な感覚がたまりません。そのままイきたかったんですけど、そんなことしたらおふろ場がうんちだらけになって。用意していたペーパーで太もものうんちをおさえながらトイレに行きました。ブルマ脱いで——足のまわりにもべっとりとうんちが。そして水着の真ん中を横によせて、うんちをある程度おろして、それからもどって、うんちまみれの水着姿の私を鏡に映しながら、押しつけてシました。大きな声を出してしまいました。

もう一回は三十のころです。夏休みの旅行から夜行で帰ってきました。もちろん寝台でシてましたけど、朝、うんちにいけなかったので、たぶん、って思って、旅行中にうんち遊びして捨ててくるつもりだったんですけど、うまくいかずそのまま持って帰ってきてしまったシルクのきつめのショーツに、赤のブルマをはいてました。やっぱり昼前に猛烈に催してきて。準備はできてます。鏡の前で足を開いてちょっと腰をかがめ、んっ…。一発でした。出た！　むりむりむりむりむりっ…。やわらかいのが、大量。こういうときに、ブルマはかずにパンツだけだと、下がってしまって——もちろん筒井康隆の小説みたいに、うんちの重みでパンツがずり落ちるなんてことはありませんが——お尻にくっつかないんでよくないんですが、ぎゃくにきついと、前のほうに押し出されてきて。その上、途中でいっぱいになって止まりそうに。それでももう一回きばったら、もう少しぶりぶりっ、ってきたんですが。「あっ」ぼとっ。小さなショーツがうんちを受けとめきれませんでした。ブルマからはみ出して、床に。こういうときは、先に処理しておかないと、あとですごくみじめな気分になります。でもあんまり時間がかかると、暴発してしまうことも。急いでフローリングの床に落ちたのをペーパーでふきとりました。そしてトイレに行って、便器をまたいで、立ったまま、ぼとぼとうんちを落としながら陰核を…。あとで見たら、前の毛にまでべっとりとついてました。

シャワー

うんち遊びをしたあと、洗うのはシャワーです。シャワーというとよく、かけながら、っていう話を聞きます。私もやってみたことはあります。でも、それほどよくなかったのでクセにはなりませんでした。

最初は大学のころでした。おふろのときにたまたまかけたら「うっ…。」すごい刺激で。むしろ痛くて、しませんでした。次のときは、もう少し弱くしてシャワーをかけ続けてみたんですが、やっぱりだめでした。けっきょくシャワーは、温度と強さの調整が難しかったようです。

うまくいったのは、だいぶあとのことです。出張のとき、朝が早かったのでしなかったんです。その夜、支社の人たちと屋台で焼酎をたくさん飲んだので、翌朝ゆるくなりました。そのままふつうにしてもおもしろくない、って思ったんで、シルクのバックレースのショーツはいたまま、ずっどーん…（すごい勢いで出た）。朝ですから、オナニーするつもりはありません。トイレでうんちを処理して、お尻を洗おうと思ってバスにいきました。シャワーを見ると、きのうの夜のままマッサージになってます。このほうが強いから、よく取れるかな、なんて思ってそのままショーツの上からかけたら…。「あふっ…。」いつもなら強すぎる刺激が布ごしに弱められて。その上マッサージの強弱の刺激が。もうだめでした。あっさりと一分くらいでイってしまって。三十にもなって、新しいのを「開発」してしまいました。ただ、その日は、そのためにどうもかぜをひいてしまったらしく、からだはなんとなく熱っぽいし、途中でおなかがほんとに痛くなってきて、トイレにかけこんで、ぴちぴちぴちっ、って少量だけしなければなりませんでした。

そして、けっこう最近のことです。ホテルのシャワーに「ミスト」というのがありました。それで朝シャワーのときに股の間にかけたら、びくっと腰がひけて、「あっ」というまもなく。はじめてバスタブの中でおしっこしてしまいました。

スコート

ある年の春、テニスのスコートを買いました。学校なんかでよく使ってる白のプリーツのです。アンダースコートは買いませんでした。フリルなどのついた見せるため用のものより、私の場合、高校のときなどの、スコートがめくれてカラーのブルマがちらっと見えるほうがHのような気がしてましたので。このスコート、二年間夏も冬もはき続けました。通常は下着の上にブルマはいてスコートですが、夏は下着の上にスコートだけ、冬はタイツとブルマ、その上にスコートでした。

このスコートが二年目になった夏のことです。スコートでおしっこするときは、立ってても しゃがんでても、べつにまくり上げなくても、短いからちょっとしかというかほとんど濡れません。それじゃコーフンしませんから、夜中にマンションのプレイロットに行って、ベンチに座って後ろに手をついてのけぞってお尻の下にスコート敷いて、前は高校生のミニスカの女の子がパンツが見えないためにするように足の間にはさみこんで、たまっていたおしっこを勢いよくしました。「あ…」なんて声を出しながら。夏ですから、シルクの薄いパンツしかはいてません。前も後ろもべちょべちょになりました。ここまではいつもとそうかわりません。ところが、部屋に戻ろうとして立ちあがって歩きだしたら、後ろが揺れて、べちょっと太ももの後ろにくっついたんです。「あっ…。」その感覚がたまらなくよくって。すごく濡れてきました。それに駐車場のとこまで来たら、車が入ってきたんです。隠れました。どうせ見られたって暗いからわからないんでしょうけど、あっ、スカート濡れてる、漏らしてる、って思われるんじゃないか、って妄想して。でも、その間に腰をふってスコートを太ももにくっつけて遊んじゃいましたから、こんどはべつの液体でぐちょぐちょになって、とうとう足のほうまで流れてきてしまいました。それからまたべちょっ、べちょっ、って歩いて帰って、部屋に着いたときには。玄関入ってスコートの上から前押さえて。「うっ…。」しくじってしまいました。

これにはまだ続きがあります。このあとシャワー浴びて、寝るのにグリーンのブルマはきました。ちょっと思い出したことがあって、テーブルに書類を広げました。いすに座ろうとしたとき、ざぶとんの角があたったんです。そうしたら、暴発してたせいか、とつぜんまた。やめようかとも思ったんですけど、ガマンできなくて。私は好きなくせに弱いんです。一回だけで満足して二回はできません。連発なんてあの卒業旅行のとき以来でした。

軽い尿漏れ

女性週刊誌に、女性の四人に一人は「軽い尿漏れ」に悩んでると書いてありました。こういう数字にはときどき驚くようなのがあります。そのへんが数字のマジックでしょう。ということは、○○○48のうちの十二人ほどが、「軽い尿漏れ」に悩んでいて、そのうちの何人かはこっそりと「おちびりシート」をパンツの中に入れてて、さらに数人はお漏らし紙パンツをはいてるかもしれない、っていうことなんでしょうか。

この話を読んだ少し後のことです。朝の通勤のときに、駅の階段を上がっていました。前に白いズボンをはいた若い女性（茶髪だったからそう思った）がいました。階段だとちょうどお尻が目の前にきます。こういうとき、タイトのスカートやズボンだったりすると、パンツの線に目がいってしまいます。あっ、レースとか、若いのに長いのはいてるとか。特にパンティライナー――股の間の、大事な部分が見えないように二重になってる部分――の線なんか、けっこうHだったりします。でも、前にまわって顔は見ないようにしてます。せっかく女から見てもかっこいい、って思ったのに、すごいおばさんだった、げっ、という経験が。よく、としのくせに、やたらとはでなかっこして、へんな色気出してるのがいます。やめといたほうがいいです。あれはキモいです（私も気をつけなければ）。大阪の梅田ではウワサのセーラームーンおじさんを見てしまいましたし、品川駅では、白いひげのおじいさんが、びしっと冬のセーラー服で決めているのを見たこともあります。こっちのほうは、これだけ堂々とこうしたかっこをされると、なにか主張があってしているのでは？って思ってしまうのは私だけでしょうか？

このときも、いつものようにお尻に目をやったら、股の間にしみが。それもまだ乾いてないんです。うわっ、どうしたのかしら。電車で痴漢されて、濡れちゃった？　それだったら、もう少し大きなしみに。それにあんまりべちょべちょしてない。さらっとしてるみたい。おしっこ？　そうすると、ガマンしてたのを、押されたかなんかで、思わずちびっちゃったとか？　それならぜんぶ漏れちゃいそう。尿漏れ？　でも、こんな朝から汚して、どうするんだろ？　パンツのかえ持ってるのかなあ。こんなこと考えてるうちに、私のほうがパンツかえなければならないようになってしまいました。

私の尿漏れは、二十九のときでした。スコートを買うちょっと前です。仕事で遅くなって、ものすごく疲れて帰って、次の日が休みだったので、昼前まで寝ていたことがありました。起きたとき、まずパジャマのズボンの中に手をつっこんで、確かめます。うん、濡れてない。夢も見てなかったし、だいじょうぶ。ところがトイレに行ったら、パンツの前からお尻にかけて、大きい、うす黄色いしみが。うわっ、どうしたのかしら。やっぱり夢精した？　それにしては色が黄色いような。おそるおそるにおいをかいだら…うっ、アンモニア臭…。ちびってたんです。おねしょ。大量じゃなかったです。おふとんは汚れてなかったですから。でもそれから、すごく疲れたときなどにときどきするようになってしまいました。私が寝るときに、下着はかずにブルマだけっていうのは、このせいもあります。ちびっても汚してもだいじょうぶ。

　これをきっかけに、どうも少しゆるくなったような気がします。おふろでシャワーを浴びてるときに、べつに催してたりたまってたりしてるわけじゃないのに、きゅうに出そうになったりするんです。あわてて止めるんですけど、いちど温泉に行ったときに、間にあわなくて飛ばしてしまいました。まわりの人には気づかれなかったと思うんですけど、すぐに逃げました。

　それからもっとひどかったのは、帰りの電車の中で寝てたときでした。半分夢の中で、あっ、あぶない、って思って、うっ、うっ、うっ、って三回くらいがんばって、やっと止めました。ところが何日かあとに、あっ、また！　うっ、うっ、うっ…ぴしゅっ！　止めきれませんでした。完全にちびってしまいました。かなり混んでいる電車の中です。そのまま寝たふりをしてましたが、たぶん体がびくって反射したんじゃないかと思います。そうすると、こんどは…。

二十九歳

この二十九というのは、身体的に一つの曲がりかどだったと思います。このあと外の茂みの陰でしたときのことです。おしっこはためすぎで、下腹部がパンパンに張ってまんまるになってました。こういうときは、勢いよくは出ません。それでまずおしっこに集中して、出る直前までいって止めて、パンツの横から指を入れます。いじってるうちにこんどはあっちのほうがだんだんよくなってきて、おしっこを忘れます。また指を抜いておしっこに集中して…。それを二、三回くりかえしてるうちに、だんだんだめになってきます。さいごは指を入れながらおしっこをきばると、しょぼしょぼっと出て、そのままオルガスムスに達します（おしっこは止まる）。ところがこのとき、イった瞬間なぜかものすごくきつかったんです。けっこう大きな声が出て、からだを思いっきりよじってしまいました。さめたあと、声を聞かれたんじゃ、って心配になったくらいです。ああよかった、満足、さあ帰っておしっこしよ、って思って立ち上がろうとしたとたん、膝ががくっときました。すごく消耗してたんです。歩くのがやっと。部屋までの階段を必死で上りました。すぐにトイレに行くこともできず、しばらくへたってました。なんかへんなことになっちゃったのかしら、こんなに疲れるなんて。でもこれ以降、どんなやりかたでやっても消耗するようになってしまいました。うっかり昼間にでもやろうものなら、あとで動けなくなります。それで外ではしないように、するときは、そのあとたとえ列車や飛行機の中ででも、寝られるときしかしないようになりました。

転勤

三十のとき、東京に転勤になりました。エリートコースです。ますます結婚できなくなる、って思いました。内示があったとき、家をどうするかと聞かれて、どうせ何年かで帰ってくるんだから、っていうことで、会社の寮に入れてもらいました（マンションは家賃補助が半分しかない）。でも行ってみたら、二十前後の若い子ばっかりで、本社ではそう目だたなかったんですけど、すごいお局様になってしまいました。

そういう状況ですと、注目されてしまってたいへんです。緊張し続けて、十日ほどまったく濡れませんでした。そのうえ予定日を一週間過ぎても、月のものがこないんです。それまでは遅れても三日でしたので、ものすごく心配になってきました。ひょっとして、閉経？　とうとう休みの前の晩に、むかしみたいにブルマ姿になって、いじってみました。だいぶ時間がかかりましたけど、どうにか濡れました。陰核も固くなりました。それで、あ、よかった、だいじょうぶ、って思って、寝ました（このときはオナってない）。そうしたら、こんどは夢を見ました。夢精した夢でした。なにかHな夢を見てて（内容は覚えてない）、起きてみたら、うわっ、たいへん、おふとん愛液で水びたし。おねしょしたみたい。どうしよう。洗濯して干して…ばれないかしら。あっ、また、きた。うっ…。それで目が覚めました。パンツはぐちょぐちょ。ほんとにいってないのが残念でした。でも、これで安心して、今晩、って思ったんですが、もちませんでした。部屋でなにかしていると、高校のときみたいにすぐに手が前へいってしまって。とうとう昼まえに、スカートの下にピンクのブルマはいて、駅まで行って、トイレで。早漏でした。でも、よかったです。

そしてその晩、寝てるあいだにとうとうきました。だいたいこの期間は、生理痛がきつかったりすることもあるので、落ちこんだりするんですが、このときだけは、すごく明るい気分で、元気、元気で過ごしました。

アナル

ところがやっぱりまだペースがつかめてなかったようで、生理が終わったあと、ひどい便秘になってしまいました。三日間まったく出ません。ふつうなら下剤をかけるんですが、四日目にポロポロッと少しだけ出たので、つぎの日が休みのほうが、って思って、もう一日がんばりました。私の休日は、ほかの子とは違ってました。ゆっくりきばれると思ってましたんです。（トイレとおふろは共同だった）。ところがいつもより多い量を飲んだのに、翌朝催してこないんです。昼前になってやっときました。寮にはほかにだれもいません。安心してブルマ姿でトイレに行きました。固くなりすぎたらしい…出たいけど、出ません。十五分くらいきばって、あきらめて部屋に戻りました。でも、何とかして出さないと、もっと固くなってしまいます。またトイレに。もうちょっと…穴のとこまできた…出ない…。また十五分くらいいたってしまい、疲れて部屋に。ところが。ふつうはお尻の穴を閉じたらひっこむのに、完全にはさまってしまったらしいんです。穴が閉じられません。いすに座ったら、それが前を刺激して。アナルって、こんな感じ？　ぐちょぐちょに濡れてしまいました。いい…いってしまいそう…。そんな、だめ、うんちでイくなんて。座ってられないので、中腰になって、うんち遊びのときみたいにきばってみても、出そうもありません。このままだと、暴発…。またトイレに。下腹部をマッサージしながら、「ん…ん…ん…。」声を出してきばります。やっと…もうちょっと…ん…。出てきた！　穴閉じちゃだめ。一回切ったら出なくなる。そのうちどどっと…。ん〜…。どどどっと…いかない。んん〜…。べたっ、って重たい音がして、切れました。おしっこが出ます。出た…すんだ…と思って腰を浮かせてのぞいてみました。さすがに驚きました。長さ四十センチ、直径も四センチくらい、それもぜんぶ固いみごとな一本グソが。そして股の間からは、愛液が糸をひいてました。

もちろん流れません。切って流しました。お尻も切れて、ウォシュレットするととび上がるほど痛いし。でも、そのあとやっぱりシてしまいました。そしてやっと下宿生活に慣れました。

ブルマでおやすみ

でも慣れてみたら、東京の仕事は体力的にはけっこう楽だったんです。そうしたら、こんどはあっちのペースが、むかしみたいに週二になってしまいました。だいたい結婚してなくても、この三十前半のころって、いちばん激しくなる時期だったようです。Hな夢もまた見るようになりました。

困ったことが起こりました。しょっちゅう汚すので、パンツがたらなくなってしまったんです。最初引っ越し荷物と下宿の備えつけのタンスの大きさから、荷物をできるだけ減らしました。引っ越ししたのは四月ですから、パンツは夏のシルクのだけ持って行きました。シルクはけっこうな値段がするので、パンツばっかり買うわけにもいきません。どうしようと考えて、夏にはＴシャツとブルマで寝てたんですけど、パンツをはかないことにしました。これなら夜汚してもパンツの数は半分でいけるし、そうしょっちゅう洗濯しなくてもいいし。夜中にトイレに起きたときにも、横からおしっこしやすいです。困るのは、色の濃いのだと汚してしまったのかどうかがよくわからないことと、生理のとき古くなって少しゆるくなってるものだと、気をつけてないとナプキンがずれて、横漏れしてしまうことがあることです。

そののち涼しくなっても、パジャマの下にブルマをはいてます。

下着

このとき私の下着がかわりました。こっちもへんになりました。

夏用と冬用があります。

夏用はシルクのショーツとブラです。シルクのショーツはレースのはでなのが多いんですが、そういうのは苦手です。といってノーレースのはあんまりないので、比較的おとなしいのを選んではいています。色はいろいろですが、ブラは透けて見えることを考えて、色の薄いもの、白とか薄いブルー、ピンクにしてます。ですから、ショーツとブラの色があっているとはかぎりません。

冬はナイロンの黒のスイミングショーツかバレエのショーツをはいて、ブラは黒の混紡のものです。こうしたショーツはお尻をきゅっと締めることができるので、けっこう気持ちいいんです。夏にはかないのは、ナイロンは暑いから。ぎゃくにシルクを冬にはかないのは涼しすぎるからです。シルクは冬もあたたかいといいますが、そうでもないような気がします。

H本とAV

だいたい女ばかりが長いこといっしょにいると、ろくなことがありません。下着姿で歩きまわってるのがいます。男はみんないないるようです。ゴミ捨て当番のときコンドームの箱を見つけたこともあります。レズももちろん。夜中トイレにいこうとしたら、声が聞こえてきたことも。休憩室での話もけっこうすごいです。私は入れてもらえませんが。そしてその影響で、新しいことをいくつかするようになってしまいました。

まず最初はH本でした。近くに大きな古本屋があって、そういうコーナーがあったんです。のれんで目隠ししてありました。私はむかしの「文学少女」ですので、そこはよく行ってました。ある日、下宿の子がそのコーナーから紙袋を持って出てきました。私に気づくと、「先輩、あそこ入ったことあります？　けっこういいのありますよ。」って言うんです。大卒で四月に入社した子だったんで、まだ男がいなかったんでしょう。私に見られたんで、照れ隠しだったんだと思います。「入らないわよ、あんなとこ。」って言いましたが、お局様やってるんだから、男はいなくて、そっちのほう、って思われてたようです。

それがきっかけで、入ってみよう、って思いました。私だけが休みの、平日の午前中に行きました。やっぱり誰もいません。安心して入れました。こういうのは最初がめちゃめちゃコーフンします。入ってみたら、「人妻」「変態」「レズ」「痴漢」などのコーナーに別れてました。「おしっこ」があります。そこで表紙や背表紙のタイトル見てるだけで股の間はぐちょぐちょになるし、息づかいは荒くなるし。勇気を出して買おうと思いました。私の一番好きな「ブルマでお漏らし」はありません。べつべつならあります。ということは、私はやっぱり「へん」？　「憧れのブルマ」と「お漏らし特集」とどっちにしようかと思って、「お漏らし」にしました。

ところが本を持ってレジの窓口（顔が見えないようになっている）に行こうとした瞬間、あっ、おしっこ！　あわてて止めようとしたんですが…ほんとにちびってしまいました。それもかなり。あったかい液体が太ももの内側を伝います。とにかく落ち着かなきゃ…。少し歩き回って、それからレジに行きました。

その日はもうめちゃくちゃになってしまいました。見るのは夜に、って思ってたんですけど、もうだめです。帰ってすぐ見て、一回シました。もちろん寝る前にも。どっちもコーフンしすぎで、早漏でした。そのうえ思い出して寝られないんです。半分夢うつつの中でもう一回シてしまいました。次の日はおもいっきり寝不足でした。

そしてそのあともあるんです。なんであのときちびったのかしら。たまってたわけでもないのに。「おしっこ漏れそう」はオルガスムスに変わるから、あのままにしてたらイってた？でも、もしおしっこのほうだったら？　水たまりができてしまう。防犯ビデオに、店の真ん中でおしっこ漏らす女が映ってたら？　やっぱりガマンしてよかった。そんなこと考えて、また。

でも、H本やAVにははまりませんでした。AVも何回か借りてみましたが、どれもパターンが同じで、途中で飽きて、とばしてしまうことが多いです。私は豊田有恒のショートショート『ポルノ』みたいに、妄想のほうが。

グッズ

ハンディマッサージャー（AV的な言いかただと「電マ」）を使ってみたこともあります。これは、それを股にあてられたJCが、おしっこを漏らしながらいってしまう、っていうAVを見たので。でも同じようにパンツの上からあてたら、きつすぎるのはわかりきってます。そこで、おしっこがたまってるときに、スイミングショーツ、水着のボトム、ストッキング、ブルマ、スカートの上からあててみました。すぐにおしっこが出そうになって、三十秒もかからずにイってしまいました。いちおうオルガスムスには達したのですが…。クセにはなりませんでした。絶頂に行きつくまでの楽しみがないので。

コンタクトでさえだめな私ですので、やっぱり「もの」を入れるのはできません。なんかこわいんです。たしか大学のときに読んだ説話集に、ある女帝がじねんじょで張り型を作って（ぬるぬるしててよさそうですが）オナってたら中で折れてしまって、っていうのがありましたが、そんなことになったら、っていう思いがあります。やっぱり入れるのは指でいいです。

サイズ

気になったことがあります。「大きさ」です。胸については、最近大きくなってるような気がします。大学のころは、私でもうらやましがられたものです。それが、HだとかIだとか。寮にいる女の子でも、やたらでかいのがいました。「育乳ブラ」とかいって、まわりからお肉を集めてきて、大きく見せるようなのもあるそうです。でもAV見てても、細いのに胸だけ大きいとつりあいがおかしいですし、重たくてたぶんじゃまなんじゃないかと。でもわからないのは、もう一つのほう、陰核の大きさなんです。これは比べられません。

きっかけは、「前戯」で、自分のブルマの真ん中を鏡に映して見たときのことでした。真ん中に突起がでてたんです。ふつうはパンツとブルマでおさえられるから、そこまでめだたないんですが、このときはよっぽどコーフンしてたんでしょうか。そこでブルマとパンツを下げて、股の間に鏡を置いて、じかに観察してみました。大陰唇の外まで先が出てきてます。

太さは親指よりひとまわり大きいくらい、長さはよくわかりませんが、三、四センチくらいでしょうか。包皮もむけかけてました。私のも同じくらいで、むけてなんかなかったし。もしかしたら、相手の子のは小指の先くらいだった。そういえば、高校時代にレズったとき、相手の子の発達した？　そういえば、レズの元祖サッフォーのは、大きくなりすぎて子どものおちんちんくらいあったって話を、どこかで読んだ気がします。もしかしたら、私も…？　そんなこと考えながら、はじめて先っちょをむいて、いじってみました。すごくよかったです。Gスポットでした。

でも、複数とレズらないかぎり、比較しようがありません。そしてもしそうして、同じくらいだったらいいんですが、規格外だったりしたら…。けっきょく、わからないままでした。

新幹線

電車やバスの「トイレの中」なら、大学のころからけっこうしてました。

実家に帰ったあと、日曜日の新幹線で帰ることが多くなりました。ひところＣＭで、「シンデレラエクスプレス」というのがはやりましたが、いないんでぜんぜん関係ありません。電車の中で寝るため、夕食のときには飲んでます。あるとき着物で帰ることになりました。帯を締めるのにぎゅっと引っぱったら、下腹部が張ってることに気がつきました。どうしよう、トイレ行っとこうか。ううん、これだったら新幹線の中でしたくなるから、ついでに慰めれば疲れてゆっくり寝られるし、って思って、ガマンしました。

そのまま新幹線に乗りました。でもそう都合よくはいきません。駅の売店でH本を立ち読みして、思い出してしたりするんですけど、時間がありませんでした。意識してのガマンですから切迫性がありません。かなりたまってるはずなんですけど。あきらめて、とりあえずトイレ、って思って立ち上がりました。そしたら網棚に雑誌があるのに気づきました。前の人が置いていったんだと思います。それを取ってパラパラめくっていたら、「あたしは時々自慰をする」というマンガがありました。すごくまじめで優秀なエリート女子高生が実はオナニストで、してる最中に弟が来て、下げたパンツをスカートで隠して、とか。なんか私みたい。私は妹だけど。この子より私のほうがおっぱい小さい…とか、思い出して。

このとき電車ががらがらで、私しかいなかったこともあって、大胆になりました。いちど座席でやってみようと。まずトイレに行って、スイミングショーツの中にナプキンを入れて、ひざかけの毛布を取って席に戻りました。毛布をかけて、その下で着物の前を割って。自分でも見えないからわかりません。ひょっとしたらかなりはだけて、パンツが見えてたかもしれません。そしてパンツの上から陰核を。指は入れられません。そんなことしたら、パンツの横にすきまができます。液体が漏れて着物を汚してしまったら、あとでクリーニングが。といって上からは、腰巻きとか帯があるから、入れにくいんです。

だれも乗っていないっていっても、やっぱり早くいかなきゃ、って思うので、下半身の緊張をぜんぶときました。それなのに、なかなかよくなってきません。十分くらいたって、だめね、って思いながら、それまでまげていたひざをのばしたとたんに、きました。たぶん、下腹部が圧迫されて、尿意を感じたせいだと思います。漏れそう…でもたぶんこれがオルガスムスに、って思って、そのままいじり続けました。あ…おしっこ…でる…という瞬間になって、「んふっ！」イきました。声は出せません。体もよじれません。それがきついんですけど、いいんです。「ふうっ…。」足をのばしてから、十秒くらいでした。すんだ…。着物の前を直して、もういちどトイレに行って、たまってたおしっこして、あとの処理をしました。

これが最初で、まわりに人がいないときなんかに、ときどきするようになってしまいました。高速バスの、トイレがうしろについている車で、一番後ろに座っていたときなんかは、二列前には人がいましたが、前の列にはいなかったので、ひざかけもないのに、ズボンがタイトで手が入らなかったので、少しずり下ろして、シルクのショーツの中へ手をつっこんで、シてしまいました。

ウエットドリーム

こんなふうに、激しくなったのに、私のオナニーは「自慰」になってしまいました。結婚できない私を自分で慰めるので。そして夢もかわりません。男が出てきません。AVやH本見たあとでも。レズかオナニー、おしっこの夢で、いく、出る、という直前になって目がさめる、っていうものばかりでした（いってたら、夢精してる）。フロイトによると、夢は無意識の願望の表れといいますが、じゃあ私はなにを望んでるんでしょうか？　一つだけおぼえてるものを。

「性的な夢」を見てたらしい。起きたらブルマが濡れてた。ひさびさにやった…でもあんまり濡れてないみたい。起きあがって、中を見ようとブルマを下げかけたら、足のすきまから、たらたらたら…ぼとっ。えっ、こぼした？　そんなに噴いてたんだ。ふかなきゃ。ティッシュ取ろうと動きかけたら、下から足音が。まずい。あわてて取って液体の上に置いた。「お姉ちゃん。」なぜか浴衣姿。かわいいじゃない。「なによ。」「どうしたの？　あっ、お姉ちゃん、おねしょした！」「してない！」「じゃあなんでブルマ濡れてるの？」あわてて前を隠す。「お、ね、しょ！　お、ね、しょ！」「ちがう…。」「あ、そうか、ちがうかも。そんなとこにティッシュあるし。その下になにがあるの？　おねしょじゃなかったら、もしかして、夢精？」「…。」「Hな夢、見てたんだー。」「あんただって、するじゃない。」白状してしまった。「あたし、しないもん。」「あ、そうか、しないよね。ひとりHにはげんでるもんね。」「してない…。」あぶないと思ったのか、妹は下りていった。妹のオナニーは五年のころから知ってるけど、これ以上言ったら、自分のも暴露されてしまう。こぼしてしまった愛液をふきとって、べちょべちょのブルマを脱いで隠し、股の間もふいて、パンツはいてブラをつけて、昼間用のブルマとTシャツに着がえて下りていく。おしっこ、しなきゃ。ところが妹の部屋の前を通ったら。戸がちょっと開いていて、妹は足のほうをこっちに向けて、ベッドに横向きに寝てた。浴衣の裾は割れて、黒い下着はまる出しで、その中に手が。あーっ、またしてる。ということは、私の夢精で？　そういえば、私がうんち漏らしたのを見られちゃったときも、してたわね。やめてよ、私でコーフンするってのは。あんたとはレズりたくないわ。でも、おしっこたまってるときにこの寝かたすると、下腹部がのびるから、いいのよね。漏らさないかしら。あっ、だめ、そんなこと考えたら、私のほうが…あっ、あっ、あっ、だめ、漏れる！

　そんなとこで目が覚めてしまいます。もし夢の内容がよくて、おしっこがたまってて、股の間がべちょべちょで、陰核が固くなったままだったら、そのつづきで慰めること——夢オナニー——も。

ウエディングドレス

　二年目の夏、知りあいの人から、教会の日曜学校のキャンプの手伝いを頼まれました。低学年と、中・高学年対象の二回でした。あとでやった中・高学年の二泊三日はべつになにごともなかったのですが。

　低学年のほうは、幼稚園を借りての一泊二日でした。私は、準備の関係で、前の晩から来てました。ところが、幼稚園に寝るとこなんてありません。子どもたちは教室におふとん敷いて寝かせるんですけど、ゴキブリがいるので、ゴキブリホイホイをずらっと並べて、バルサンをたいてます。それで教会の畳の集会室で寝ることにしました。夜になると一人になります。そこでひまだったんで、なにが入ってるんだろう、って思って、あっちこっち開けてみました。タンスの中にウエディングドレスがありました。貸し出し用なんだと思います。その中にカバーのかかってないのがあったので、出してみました。とうぜん着てみたくなります。Tシャツとトレパン脱いで、ブラとブルマ姿になって。バストがちょっときつくて、ウエストがゆるいです。私って標準よりプロポーションいいのかしら。姿見の前で、いろいろポーズをとってみます。そのうちいつものとおり、だんだんへんなことを。

おしっこどうするのかしら。そういえばむかし、フランスの貴族の女性は、あのすごいスカートの中におまるを入れて、いすに座ったようにみせながら、したとか。ほんとにできるのかしら。スツールを使って実験。ドレスの裾の中にスツールを入れて、ブルマとパンツを下げて座ってみました。できないこともなさそうだけど。パンツ下げるのがたいへん。でも今はおまるなんてないし、洋式トイレだったら後ろにフタとかあるからできないし。けっきょく全部がさっとまくり上げて…。やってみました。しゃがんでドレスの裾が下につかないようにするのは、すごくたいへんです。でも、どうにかできそう。

もうどうなるかは決まってます。とくにウエディングドレスの下にブルマ、でコーフンしてました。姿見の前で、スツールをスカートの中に入れて、ドレスをまくり上げて、ブルマを映しながら、やっぱり汚したらたいへんなことになるので、上からいじって…。

ところであとで知ったんですが、この和室、結婚式のときには控え室になるんですが、お葬式のときには霊安室になるので、「出る」らしいんです。別の日、このときいっしょに手伝っていた専門学校の女の子が言ってました。夜遅く、トイレの帰りにこの部屋の前を通ったら、なんか白いものが見えて、へんだと思ってふり返ってみたら消えてしまってて、ぞっとして失神しかけたそうです。

私は霊感がゼロみたいです。そんな経験はまったくありません。でもこのときは、それよりウエディングドレスの下にブルマはいて慰めてる私に、幽霊のほうが恥ずかしくなって、出そこねたのかもしれません。

一年生

次の日、午後からキャンプがはじまりました。はじめはあんまりくっついてきませんでした。おかげで、夜、お泊まりなど経験してない子が、泣いて寝なかったりして困ることが多いらしいんですけど、私が担当してた子は、そんなこともなくおとなしく寝てくれたので、私も寝ることができました。

つぎの日は、水族館へ連れて行くことになってました。このころになるとみんななれてきて、それぞれのリーダーのところに「とりまき」ができます。私には一年の女の子が二人、まとわりついてきました。帰りの電車で一人が膝に乗ってきました。そうしたらもう一人がうらやましがって、けっきょく一本の足に一人ずつ乗ることになりました。そして、なぜか私のほうを向いて乗ってきたんです。そのうち最初に乗った子が、「おねえちゃんのおっぱい、ママのよりずっとおっきい。」と大きな声で言ったことから、たいへんなことになりました。

まわりの人がみんな見ます。もう一人の子も「おっきい。」と言って、反対側を触ってきます。さらにTシャツの下から手を入れてきて、ブラをずらそうとします。「恥ずかしいからやめてよ。」怒るわけにもいきません。大きいことと、ワイヤー入りだったことが幸いしたのか、ずらされませんでした。それでとりあえずあきらめて、手はひっこめてくれました。でも、十七の、レズったときから触られたことがなかったので、敏感だったんです。子供の手だというのに、乳首が勃って、ブラが濡れてきます。

その上に、最初の子が、こんどは股の間に手を入れてきました。トレパンの上からですが、両ももに一人ずつ乗っているために、足が閉じられません。「パパねえ、ここさわるとよろこぶの。きもちいいって。おねえちゃんは?」「恥ずかしい。」「きもちいい?」「うん、いいわよ。」もう一人の子も触ってきました。最初の子が、「パパのおちんちん、さわってるとおおきくなってくるの。」どうもパパが家で触らせてるようなんです。そういえば、膝の上に乗ってくるとき、からだを左右にゆすりながらきたのは、もしかしたら陰核を刺激するためだったんじゃ…。この子、将来どんなになるんだろうと、ちょっとこわくなりました。でも、そんなこと心配してるひまなんてありません。身動きできない上に、二人ががりで触られて。股の間はぐちょぐちょです。トレパンの下はいつもの通りブルマとシルクのショーツですから、外までしみ通ってくることはないと思いますが、もし濡れてきたのに気づかれて、「あっ、おねえちゃん、おしっこした。」なんて言われたら。「ねえ、もうやめて。おねえちゃんおしっこしたくなってきちゃった。」「きもちよかった?」「うん、ありがと。これ以上きもちよくなったら、おねえちゃんおしっこ漏らしちゃうかも。」これは本音でした。おしっこじゃないかもしれませんけど。それでやっとやめてくれました。でも二人は乗ったままです。なおも濡れ続けました。やっと駅について歩き出したときには、足のほうには流れてくるし、摩擦でいってしまわないかという不安とかで最悪でした。

その晩は、とうぜんブルマはいたまま、「おしっこ漏らしちゃいそう」から…。

着物とブルマ

へんな組みあわせです。東京にくる前に一回だけあったんです。電車の中でしたくなってしまって。はじめてだったんで、汚さないように、って思って、トイレ行ってわざわざブルマはいてシました。ところがそのままはき続けていたら、汗でむれて気持ち悪くなってきて。もういちどトイレにかけこんで脱ぎました。確かに夏に下ばきのブルマはあんまりはきません。それ以降、着物のときにブルマはく、っていうことはありませんでした。

ところが、二年目のお正月のことです。下宿の料理がぜんぜんたいしたことがないので、ホテルにおせち料理を食べにいきました。和食のレストランの女の子は着物です。その中の一人の若い子がほかのテーブルに料理を置いたとき、お尻にパンツの線がはっきりと出ました。それもすごく太いのが。気がついてないのね、ちょっと恥ずかしい、って思いました。それで、その女の子がもう一度来たときに、気になってよく見たら、その太い線の上に、もう一本あるんです。二本も？　ひょっとして、ブルマ⁉　ああいうところの着物は、簡単に着られるように腰巻きをしてないんでしょう、あれだけはっきり線が出るってことは。だから寒いんだと思います。妄想がふくらんでしまいました。大学生くらいかしら。としは関係ないかな。私なんかいまだにはいてるし。何色かしら。着物がピンクだから、やっぱりおブルもピンク？　じゃあ私といっしょ？　それなら一人でするときとか彼とするときも、私とおんなじで、ブルマ姿でコーフンして？　もしかしたらこのまま着物姿で、おブルはいたまんましたりして…。

若いころなら途中でしくじってたと思います。でも今は。ちょっとさびしい気もしますが、お酒も飲んでましたし、どうにかガマンして帰って、下宿に着くとすぐに、ピンクのブルマに着がえて、姫はじめを…。

着物とブルマ　その2

その年の二月、大阪で展示会があり、東京から応援に行きました。

実家に泊まってましたので、朝起きてパジャマを脱ぎます。ブラはしてませんし、下は寝るとき用のブルマですから、いちど裸になってしまいます。それから冬の下着の黒のスイミングショーツはいて、黒のブラをして、もういちどこんどは昼間用の赤のブルマをはいてからトレパンをはきました。上はトレーナーです。朝食をすませて、ちょっとテレビなんか見て、トイレに行ってうんこして、着物に着がえました。会場に行って、受付の準備をすませひと休みしてると、ふとへんなことが気になりました。あれ、私、ブルマどうしたかしら？　脱いだっけ？　ひょっとして、はいたまんま来た？　こっそり着物の上から足のつけ根を触ってみました。太い線が指にあたります。しまった…。あわててトイレ行ってのぞいてみました。やっぱり。どうしよう。でも、脱いだら入れるものが。ハンドバックしか持ってきてません。はいてるしか…。着物でほんとにはくのははじめてです。腰巻きは、暖房が暑かったりするので、冬でも薄いのしかしません。線がすけて見える？　トイレの姿見の前で、ななめうしろを向いて、お尻をつき出してみました。だめ…。姫はじめの原因の、着物の下に線が二本見えた女の子と同じでした。

その日は、ひまになるとお尻を触って線を確認してちょっと濡れ、トイレに行ってはブルマを見てまた濡れ…。黒の下着だからよかったものの、かなり汚してしまいました。そしてその夜は、とうぜんそのブルマで…。

＊

こんなふうに三年過ごして、また本社に戻ってきました。

厄年

女は、十九と三十三です。三十七説もあります（神社の表には両方書いてあったりする）。

これは迷信だとばかりは言えないと思います。じつはからだ（体質）のかわる時期なんです。私は「一説」の時期でした。

まず、お酒だけではなく、あっちのほうも弱くなりました。やはり本社の方が仕事は忙しかったこともありますが、飲んで酔っぱらうと、性欲がおこりません。翌日が休みの日なんかに、今日はしようかな、なんて思って、おしっこをガマンしてても、夕食のときに飲んでしまうと、もういいや、になってしまって、せっかくためていたのをしてしまいます。また、コーフンしてはじめても、時間をかけすぎたり、おしっこのほうに意識がいったりすると、陰核がふにゃふにゃになってきて、愛液も出なくなって、そのままあきらめてしまうことも。いちど、ドラッグストアで見つけた「女性のうるおい不足のために」というぬるぬるローション（潤滑ゼリー）を使ってみましたが、うまくいきませんでした。最初は刺激がきつすぎて、慣れてしまうとこんどはあまり感じなくなって。

二週間間隔になりました。それ以上はあいかわらずダメです。冬など、発情しにくい時期だと、三週間くらいあいてしまうことも。そうなってしまうと、やっぱりコーフンしすぎて、いくらガマンしても早漏状態になって、あんまりよくありません。さらに、満足しきってないようで、だいたい次の日にもういちどしたくなってしまいます（そのときはうまくいきます）。

夜がダメなので、昼間にすることも。休みの日の、午前中がいいです。やっぱり消耗してしまいますので、昼寝ができることと、おしっこがたまりやすいんです。

まだ、たまには「うんち」をすることも。あいかわらず便秘ぎみなので、晩に下剤をかけて、翌日の昼間に催してきて、そのまま下着とショートパンツの中へいっきに、ずっどーん。解放感でオルガスムスを。最近では、おふろ場やトイレでするだけでは満足できなくなってきて、実家に帰ってきてだれもいないときなんかは、庭で、スカートもちゃんとはいて（誰かに見られても、うんちがはみ出して太ももなどについてもわからない）、さんさんと日光を浴びながら、健康的にしたりして。でも、「うんち遊び」ではなくなりました。そのあと、あるていどトイレでふき取ってから、おふろ場に行きます。うんちまみれのお尻や太ももなどを鏡に写して、あ、私、うんち漏らしちゃった、なんて妄想しながら、さらにまだかなり大量にうんちのついているブルマやショーツを見てさらにコーフンして。でも、お尻を洗ったり、下着を洗ったりして、おさめてしまいます（そのましてしまったら、すごくきつい）。

また前の晩にとくにビールを飲んでいたり、冬で寒かったりすると、尿意で目が覚めることがあります。以前、すごく疲れていたときに、それで目が覚めて、トイレに行こうとしたんですが、からだが金しばりにあったように動かなくて、これは、このままおねしょしちゃうんじゃないか、って思ったことがありました。だいたい、むかしは、夢のなかでしたいと思うと、出る、という直前に目が覚めてました。ところが、最近は、そのまましてしまうんです。半分夢うつつの中で、これは、おねしょしたかも、って思うことがあります。まだそこまではいってませんが、そのうち、なんかお尻のへんがあったかい、とか思ったら、そのときが最後だと思います。

その後、そんなひどいことは、数回しかありません。でも、上を向いて寝ていると膀胱がのびて尿意がきつくなるので、おしっこがしたくなると、だいたい横向きになって、体を少し丸めてます。そしてそういうときにタオルケットや毛布を足の間にはさんでたりなんかすると、思わずおしっこ…おしっこ…おしっこ…と思いながら、下腹部を押しつけてしまいます。昔ならそのままいってたんですが。

オルガスムスは逆にきつくなりました。いった瞬間は、若いころのように「あっ。」でも「うっ。」でもありません。「んふっ‼」という感じで、一人のときは、大声を出してしまうこともあります。思いっきり体をよじりながら（おふとんの中で上向きだと、ほんとに飛び上がるようなときも）、「んっ！…んっ！…んっ！…」って、十回以上くるときもあります。

おしっこのガマンがあんまりできなくなくなりました。近くなったわけじゃありません。あいかわらずトイレには行きません。職場でビアガーデンなんかに行ったら、ほかの子はみんな途中で何回か行く（女の場合、飲むとすぐに出すのがけっこう多い）のに、私だけ最後までぜんぜん行かないので、人間小便タンクとか、おむつしてたれ流してるんじゃない？とか言われてたみたいです。たまに行ったりすると、まにあったのかしら、とかも。どうも年齢とともに膀胱の伸びが悪くなったようです。ガマンして、下腹部がパンパンに張ってまんまるになってる、ってこともなくなりました。このころ、膀胱の容量を何回かむかしと同じように測ってみましたが、八〇〇から一二〇〇ccくらいでした。

そのせいか、家に帰ってきたとたん、きゅうに、ということがしょっちゅうになりました。冬などだと、足ぶみをしたり、部屋の中を歩きまわったりしながら（止まるとあぶない）、コートだけでなく、スカートやズボンまで脱ぎすてて（トイレに行ったときに下げやすい。といってぜんぶ脱いでしまうとよけい出そうになるし、まにあわなかったときに吸収してくれるものがないので、おそうじがたいへんになる。何回かほんとにちびってる）、ストッキングの上から真ん中をこすりながら（少しでも忘れようとしている。触ってる程度だとまにあわない）、トイレに急ぎます。ほんとは、そういうときに、わざとでも漏らしてしまうと、あとでコーフンするんでしょうけど。やったことはありません。もしやってしまったら、そのときはいいかもしれませんが、スーツをクリーニングに出すときに困ると思います。

また、尿意を感じてなくても、お湯でメイク落としをしているとき、ああ、気持ちいい、なんてほっとしたとたんに、「あっ。」ということが。股を閉じて止めようとしますが、だいたい下着が濡れてしまってます。

トイレに入った瞬間に出そうになって、あせることも。あわてて下着を下げて、座って、「あ…まにあった…。」って勢いよく放水すると、ほとんどオルガスムスです。あとで、ほっとして「よかった…。」（漏らさないでよかったというのと、快感でよかった）になるのですが、たぶん、すごいヨガリ顔をして、してるんではないかと思います。こう考えてみると、回数は減ったかもしれませんが、これがあるので、ひょっとしたらオルガスムスを感じている回数は変わらない、いや、むしろ多くなっているかもしれません。

ちびる

これで、また、すごく恥ずかしいことがありました。

ある日の夕方、ほかの営業所に行きました。仕事が終わって、帰る前に、まだそんなにたまってないけどトイレに行っておこう、って思いました。直帰だったんですが、電車がかなりかかります。催してきたら寝られなくなりますし、寝て、以前のようにちびってしまったら、恥ずかしいです。

給湯室の横のトイレに行きました。この営業所のトイレ、建物が古いので、昔のしゃがむので、さらに男女共用、奥のほうが一段階段のように高くなっているものです。入って、鍵を閉めて、もう暗くなっていたので電気のスイッチを押しました（中にスイッチがある）。ほところがなかなかつきません。そしてきゅうにきたんです。なんでなの、早く、ついて。ほんとに、漏れちゃう…。スカートを上げて、ストッキングとショーツに手をかけて、いつでも下げられるようにして…。でも…ガマンが…。やばいっ、あーっ、あーっ、あーっ、出ちゃう、出ちゃう、出ちゃう…出たっ！　その瞬間、パカパカパカッと蛍光灯が光って、明るくなりました。急いで段を上り、ストッキングとショーツをいっしょに下げながらしゃがみました。消音の水を流しているひまなんかありません。じょ～どぼどぼどぼ…。だいぶ出ました。やっ…ちゃっ…た…。でも、これだけ出たのなら、そんなに濡れなかった？　立ちあがって床を見ます。便器のまわりには飛び散ってません。とりあえずよかった。下着は？ショーツは黒だったので、見ただけではわかりません。真ん中を触ってみます。びちょっ…。ストッキングは、まん中から太ももの上から三分の一くらいのところまでしめっぽく。あ…すごく濡れてる…ちびった程度じゃない…。私、まにあわなくて、漏らしちゃった…濡らしちゃった…。股の間がむずむずしてきて、別の液体が。あ、だめ、こんなとこで…。

私は、ほかの女子社員のように、「何か」のときのために、バックの中にショーツのかえとかコンドームを入れてる、なんてことはありません。ストッキングだけは、ひっかけたりして伝染させてしまうと恥ずかしいので、営業で長い時間出なければならないときなんかは入れてますが、ショーツなんかはむしろ汚したいほうです。それでバッグの中からナプキンを出して、敷いて、上げたんですけど、太もものほうが気持ち悪くて。においは香水でごまかしました。

そしてやっぱり家に帰ってから、ひさしぶりに、着がえもせずにそのスカートをまくり上げて、ストッキングの中に手をつっこんで、ショーツの真ん中を横によせて、かわいそうな自分を…。

でも、おむつをはく気にはなりません。最近は、タクシーの運転手さんやヨシモトの若手女優、長い時間衣裳を着なければならないお祭りや行事のときなんかにもはくようになって、けっこうふだん使いをするようになってるようですが。そして人まえで気づかれないようにしなければならないときなんかには、へんな緊張感があって、それがやみつきになって、おむつ（でおしっこ）フェチになるということも聞いたりしますが。たぶん私の場合、いちどはでにしくじらないと、はかないいんじゃないか、って思います。

ガマンしすぎると…

すごくつらいことになってしまいました。

出張の帰りです。時間があったので、駅でビールを飲んで、尿意を少し感じながら新幹線に乗りました。新幹線でおしっこというと。まだときどきシてました。ところがこのときは、疲れていたからでしょうか、そのままトイレに行かずに寝てしまったのです。起きたのが到着十五分前。もう時間がありません。おしっこはまだガマンできそうです。家に着いたら、安心して切迫してくるはずだから、そのときほんとにトイレで漏らして、って思って、家までがんばってしまいました。

帰ったときには、だいぶ苦しくなってました。ところが、いつもなら着がえてるあいだにあせるのですが、きません。時期をこえてしまったようです。そのまままだガマンしました。前にしてからかなり時間がたってます。苦しい。動けない。膀胱破裂になりそう。でも、下腹部をソファに押しつけたら、それが快感になって。

スカートをめくり上げて、ブルマとショーツの上から陰核をいじりはじめました。むかしだったら、ちょっとちびらせて、またいじってコーフンして、とくりかえしてやったんですが、陰核がやわらかいままなので、できません。愛液も出てきません。感情的にはすごくコーフンしてます。指をなめて入れることもできるのかもしれませんが、それをしてもたぶん途中でかわいてくるので、あまり意味がなさそうです。それに、いちど入れたのを抜いてまためるというのが、なんか気持ち悪くて。やわらかいのをいじり続けるしかありません。だんだんおしっこが出そうになってきます。これが、快感にかわって…でも、もしかしたら、オルガスムスと同時の、になる?って思ったので、おふろ場に移動しました。スカート脱いで、ブルマ姿になって、鏡に写しながら。

おしっこがしたく…よくなってきた? どっちなのかよくわかりません。おしっこ…でそう…でそう…出ない…。手の下がちょっと濡れました。あ…出た…でも…でない…苦しい…。このままいっきに漏らしたら、開放感ですごいおしっこ自慰になりそう…それもいいかも。いじりながら、おしっこをきばりました。またちょっと濡れました。あ…おしっこ…でる…でる…でる…うっ‼ 陰核を押さえつけながら腰をひいて、あ…あ…あ…。声を出しながら、体をよじります。オルガスムス…いっ…ちゃっ…た…。同時の放尿にはなりませんでした。そしてすごく苦しい。そのままましゃがみこみましたけれど、やっぱりおしっこは出ません。下腹部を押さえて、やっと出しました。解放感もぜんぜんありません。どうも膀胱の筋肉の弾力性がなくなってるんで、一回伸びてしまうとこんどは縮まないようです。「すごいおしっこ自慰」はダメでした。満足はしましたけど。

でももうこれからは、新幹線の中でするのはむりだ、って思いました。あとがどうなるかわかりませんから…。

ブルマその後

ブルマが手に入らないようになりました。十三枚目の赤が最後になりました。高校や中学がみんなハーフパンツになってしまったからです。でも、私はやめられません。男の人が行くHなグッズを売っている店にはある、って話は聞いたことがあります。でも、ああいう「わざと」作っているようなものでは、だめなんです。いろいろ捜して、スポーツショーツというう、本来は素肌にそのままはくやつをかわりにしてましたが、もとがショーツですので、小さすぎたり、薄すぎたり、あんまりよくありません。いちおうアディダスのピンクのスポーツショーツがいちばんそれっぽかったので、それを大切にはいてました。それと、だいぶ前に出身高校に行ったとき、購買でまだ売っていたブルマを買って、いちども使わずに大切に持ってます。

そのころ、バレエをやっていたという新入社員が部下になりました。冬、彼女がバレエのタイツをストッキングのかわりにはいていることを知りました。もともと踊るためなので、よくのびるし、汗をかいても熱を放散させてくれるから、はきごこちがいいそうなんです。それで私も、って思って、バレエ用品店に行きました。ピンクと黒があったので、とりあえず二枚ずつ買いました。見て回っていると、バレエショーツというのがありました。やっぱりふつうのショーツだとかたくて、踊るときのじゃまになるようです。綿で、ベージュ一色しかありませんが、すごくやわらかいんです。それも、スタンダードとハイレグのを一枚ずつ買ってみました。ステージショーツというのがありました。足をあげたときに、タイツごしにショーツが見えてしまわないように、チュチュの下、タイツの上にはくものです。なに、それってブルマとおんなじじゃない、って思いました、これは買わなければなりません。ロイヤルピンクと、ヨーロピアンピンクの二種類がありましたので、一枚ずつ買いました。

でも、このブルマには難点がありました。踊るためのものなので、薄くてふつうの下着だと透けてしまうんです。さらにハイレグのため、下からはみだしてしまって。これをはくためにはバレエショーツしかありません。それで私の秋冬物のショーツは、すべてバレエショーツになりました。

そしてもう一つ。このパターンになってから数年後、白いのが発売になりました。白いタイツも。それでさっそく買って、チュチュはさすがに持ってないので、また買っていた白のスコートとはいて、「Swan Lake」などとやっていた（とうぜんそのあとは、その中に手をつっこんで…）のですが、これは失敗でした。何回か使っていると、真ん中につく二種類のうす黄色いしみがとれなくなって。漂白剤につけても、直接ぬってもだめなのです。やっぱりふつうのピンクが一番いいようです。

ついにレズ強姦される

からだのほうでは、肩が上がらなくなりました。四十肩がちょっと早めにきたみたいです。かっこわるいので、だれにも言わず、家の近くの鍼灸マッサージの病院に行きました。ここは個人でやってたので、予約制でもなく、会社帰りの遅い時間でも、すこし時間がずれてもだいじょうぶだったんです。

五十くらいの、おばさんの先生でした（あとでわかったんですが、独身）。オイルマッサージで、だいたい二ヶ月くらいで治りました。そのあと一か月か二か月に一回の割合で、全身マッサージをしてもらうようになりました。

一年ほど通ったときです。全身の場合は、上半身裸にならなければなりませんので、いつもショートスパッツをはいて行ってました。会社帰りのときは、行く前にトイレでストッキングを脱いで、はきかえてました。それがこのとき、スパッツを持っていかなかったんです。ショーツだけで、タオルを巻いたんですが、ショーツがスイミングので、横がひもになってるものでした（Tバックではありません）。先生が、それを見て、「かわいい。」と言ってました。私の場合、最初はうつぶせで首と肩から、後半はあお向け、最後は便秘対策の腸マッサージになります。このとき、押されすぎてちびりそうになりました。あわてて止めようとしたら、先生に「力ぬいて。」と言われました。「ちょっとおしっこが…。」って言ったら、「触りますよ。」ってパンツの上から真ん中を触られました。「だいじょうぶ、お漏らしされてませんよ。」そのあとすこし弱めにやってくれたのですが、たまって敏感になってたこともあって、ちょっとよくなってきてしまいました。さらに「お漏らし」でも。やばい、落ち着け、って思って、気をそらそうとしてました。「はい、じゃあ今日は終わります。」と言われて、起き上がりかけたら、「もう一回寝て下さい。」なんか忘れたことかあったのかな、って思って寝たら、タオルをはずされて、「足開いて。」「前触りますよ。」治療と思ってました。パンツの上から、前から真ん中をなでられて、「ちょっと濡れちゃいました？　半勃ちになってますよ。」「おっきいですね。」パンツの中に手を入れられて、触られました。半勃ちどころではありません。いきなりかちかちになって、大量に濡れだしました。先生はちょっともてあそんでましたが、「今日はこれまでにしときましょう。」と言ってその日は終わりましたが、帰りがけに小さな声で、「こんどゆっくり。」って言いました。そのあと、帰る道中でもずっと濡れ続けてました。

一か月ほどあと、こんどはスパッツをちゃんとはいて、トイレにもいってから行きました。このときは私が最後でした。下腹部をマッサージしてる最中に、そのままスパッツを下げられて、「またかわいいパンツはいてますね。」そのままパンツの中へ手を入れてこられました。オイルがついてます。あっという間に勃起して、追加でオイルを塗られたとたん、「あっ、だめ、イっちゃいそうです…。」「もう？」先生がふき取り用のキッチンペーパーを取ろうとしましたが、まにあいませんでした。「んっ!!」自分のパンツに大量にぶっかけてしまいました。

先生が、「パンツの替え、あります？」とか聞いてましたが、だいじょうぶです、って言って、ぐちょぐちょのまま、気持ちわる、って思いながら帰りました。

ＡＶで、「オイルマッサージでイかされる」というのがあることは知ってましたが（見たことはない）、ほんとにいるなんて。またおばさんの先生だったとは。意外でした。私って、レズられやすい雰囲気を持ってるんでしょうか。とうとうほんとにやられてしまいました。

この先生には、そのあともう一回だけされました。でも、私があまりにも弱すぎて相手にならないと思ったのか、それだけで終わりました。今は、実家に帰ったときに行っても、ふつうです。

結婚へ

そして彼と知り合いました。はじめは仕事上のつきあいでしたが、次第に個人的なつきあいになり、何回か会っているうちに、自分の隠していた性格を言いあてられ、それでうるうるっとなって、次のときにプロポーズされて、とうとう「はい。」って言ってしまいました。でも、彼が地方の出身で、そちらへ帰ることになり、私は仕事を辞めなければならないようになりました。それで「寿退社願い」を出しました。転勤じゃすまないのか、とか聞かれました。ところが、その地方には、支社が一つしかなく、車で二時間半くらいかけると通えないことはないのですが、私の部署もありません。けっきょく認められましたが、それよりも、私の部とほかの一部の部署、女子と一部の男子社員の間で、すごい噂になったらしいんです。とにかく私は、男ぎらいで仕事一筋、恋愛には縁がない、と見られてたようです。そしてこれは、あのバレエをやってた部下が、バレエの話で個人的にも仲がよかったのでこっそり教えてくれたんですが、定番の給湯室ウワサでは、どうも処女らしいけど、むかし男で失敗してだめになったのかもしれない。へんな趣味があるのかも。レズ？　S？　女王様？　海王星の女王という呼び名もあったそうです（展示会のときに必ず着物で行くからだったらしい＝冷血女）。それがふつうの結婚ということになったものですから、あんなのをもらうような男はどんなヤツなんだろう。どんな顔して抱かれるんだろう。もうしたのかしら、などということを言われていたらしいです。

そして、初めての交わり

いよいよ式が決まると、最後のオナニーをどうしよう、って思いました。生理がこのへんに来る。二週間はふつうにガマンしてるし、それ以上はあけて。といって三週間はガマンできるかどうかわからない。夢精とかしたらいやだし、と変な計算をして、結局二週半前にしました。最後だから、むかしのことを思い出してオーソドックスにしようって、シルクの下着の上にピンクのブルマはいて、上はブラの上に白のTシャツ、つまり昔の体育のスタイルで、おしっこをガマンして、ブルマと下着の真ん中を横に寄せて、指を入れてシました。

そして結婚式。初夜にはすごく不安がありました。自慰がほとんどおしっこためて、になってたことです。はじめて男性とするときに、まさかそんな状態ではできません。いちおう処女なんですから、変態だなんて知られたら、恥ずかしいです。またしてる最中にお漏らしやおしっこで潮吹きなんかしてしまったら。だから、トイレ行って、おしっこちゃんとして、シャワー浴びてからになるんでしょうけど、そんなふつうの状態で、はたして感じられるのか…。緊張しすぎて、トイレにばっかり行ってました。

でも、だいじょうぶでした。コーフンしすぎて、すぐに終わってしまいましたが、いっしょにイくこともできました。幸せでした。あたりまえのことですが、オナニーやレズとはぜんぜん違いました。あとで慣れてきてからわかったのですが、オナニーの場合は、指を入れてもGスポットを刺激するだけ、まあそれに加えて親指のつけ根のふくらんでいるところで陰核を押しつぶすくらいです。レズも陰核を触ってもらうだけで、いってみれば一点集中です。ところがこんどは太さが違いますし、いっぺんに膣全体から感じる感覚です。さらに大きくなりすぎた陰核が彼のからだとこすれるのも。そしていっしょにイけたのは、私がいつもの通り達した瞬間にきばったら、膣が締まって、それで彼が射精したのでした。

でも、彼も、年齢が十五近くも上だったからよかったのでしょうか、私と同じで、一回だけで十分だったようです。何回も続けてされたら、オナニーでさえ弱い私ですので、どうなるかわかったものではありません。

結婚後の

結婚したんだから、まともになろうと思いました。それで、寝るときにブルマはくのをやめました。ふつうに下着を着けてました。初めのうちはそれでよかったんですが、慣れてきたら…うんちの夢ばかり見るんです。それも若いころというか、高校とか大学のころらしくて、相手役も、その当時ほとんど話もしたことのないような子や、アニメの登場人物（それも脇役）なんです。

たとえば。体育の授業が終わって、更衣室に行こうとしたら、急に催してきて、あっ、うんち、と思ったとたん、むりむりむりむりむりっ！　廊下の真ん中で、すごい勢いで、赤のブルマ（そういえば高校時代はえんじだった）の中に、大量にしてしまいます。どうしようもないので、トイレに逃げこんで、こっそり処理してると、友達が急いで入ってきて、まにあわずにその場でおしっこを、じゃ〜…。「どうしよ…。」ベソかきながら聞いてきます。「だいじょうぶよ。更衣室暗いから、知らん顔してたらわかんないし。それに…私なんか…うんち漏らしちゃった…。」彼女が抱きついてきます。あーっ、あーっ、あーっ、私、いっちゃいそう…。たいていそういういいとこで目が覚めてしまいます。

でも、となりに彼が寝てるのに、あまりにも変態っぽいんで、考えて、どうもこれはお尻を締めすぎているからなんじゃないか、って思いました。それでその晩、こっそりはきかえて寝てみました。そうしたら、だいじょぶでした。それから、また「パジャマの下ブルマ」（ピンクのスポーツショーツブルマか、バレエのステージショーツ）になりました。

そしてしばらくしたときのことです。着がえて寝ようとしたときに、彼が求めてきたんです。予定の日じゃなかったんで、あっ、って思ったんですが、見られてしまいました（あいかわらず電気をつけたまましてました）。なに、って聞かれて、ゴムがきついと寝られないの…とか、あせって、しどろもどろになりながら答えました。そうしたら彼が、たしかに、締めつけると体に悪いっていうよね、って（一人で）納得してくれました。じゃあなんにもはかないほうがいいんじゃない、とかも言われましたが、はかなかったらスースーして…とか、なにを言ってるのかわからないようになってしまいました。そして彼もブルマフェチだったんでしょうか、そのまま上から愛撫されて。もしかしたらはいたまま？とか思ったら、やっぱり…（伸びてるので、簡単に入れられた）。もう、一発で終わってしまいました。

そのあと、こんなぐちょぐちょにしちゃってどうするのって聞かれて、別なのがあるって言って、ステージショーツの説明をしながらはきました。そしてそのときはもう十分だったのでよかったんですが、翌晩、こんどはそのステージショーツでシてしまいました。

ついに大失敗

半年したころのことです。飾り棚の下に落としてしまったものを拾おうと、定規を持ってきて頑張っていたら、彼がスカートの上からお尻を触ってきました。やめて、って言ったんですが、今度はお尻を抱えて、なで回しはじめました。そしてショーツの線を指でたどるんです。昔の、あの「ショーツの線」のことを思い出してしまいました。いきなり股の間が濡れはじめました。陰核が固くなってきます。やばい、気づかれないように、とか思ってたら、四つんばいになったまま、服の上から胸が。はじめての「服を着たまま」です。私の場合、オナニーのときも着たままがほとんどだったんで、またそれでコーフンして。もう止められません。トイレに行こうとしました。そうしたら、いいじゃない、行ったらおさまっちゃうかも、って。私も尿意は感じてなかったので、だいじょうぶだろう、って思いました。

スカートのうしろがめくり上げられ（ミディだったので、前のほうは膝で踏んでた）、バレエショーツの上からなで回されて、それから下腹部に回ってきました。彼がショーツを下げようとしましたが、スカートのゴムの下に入っていて、うまくいきません。脱がなきゃ、って思いました。そしたら、いきなりショーツの真ん中が横によせられました。「あっ…。」と声を出してしまいました。そして次の瞬間、いきなり後ろから入ってきました。「あ…いや…。」と言ったものの、「服を着たまま」「ショーツはいたまま」「真ん中を横によせて」です。そして、彼のものの先のあたる位置がいつもとちがうんです。猛烈にコーフンしてしまいました。そしてさらに、彼の指が前から入ってきて、陰核を、それだけじゃなくて、尿道口を。いままで、そんなとこは感じないので、触ったことがありませんでした。でも、自分じゃない、人に触ってもらうと。「あっ…。」びくっとからだが反応して、出てしまいました。あ…おしっこ…と思った瞬間、いきなり快感が。「んふっ‼」そのままなんだかわからなくなりました。

気がついたときには、スカートの前はべしょべしょ。床に水たまりをつくってしまっていました。とうとうやってしまったのです。「あ、あたし…。」それ以上なんにも言えません。涙が出てきました。でも、彼がまだだったらしいのです。そのまま体を前後させはじめました。「いや、いや…。」と言ったものの、なぜかまたすぐによくなってきました。そして、彼がうっ!となった瞬間、私も。ベソかきながら、でよかったようです。

どれだけそうしていたのかわかりません。気がついたときには、水たまりの横にころがってました。オナニーでもなかったはじめての二連発（それも二回とも失神してたかも）です。ものすごく消耗してしまいました。おしっこかたづけなきゃ、って思いましたが、体が動きません。彼がパンツをはかないまんまで、ぜんぶふいてくれました。そのやさしさでまた泣いちゃいましたが、そのあとやっとのことで起きあがって、ふらふらしながらおふろ場に行き、べちょべちょになったスカートとショーツ、服を脱いで、シャワー浴びたあと、ショーツをはいただけで、ベッドに入って寝てしまいました。おしっこの夢ばかり見て何回もトイレに行ってました。

＊

そのあとのことです。私がいつものようにトイレに行こうとすると、彼が、いっかい行かないで、おしっこガマンしてやってみない、って言いました。男の人には、お漏らしフェチっていうのがけっこういるって聞きましたけど、彼ももしかしたら、って思いました（思いたくない）。でも、私も好きですから、そのましてみました。そしたら、やっぱり敏感になってて、すぐよくなってきてしまいました。あ…よくなってきた…って言ったら、えっ、もう？って驚いてました。でも、それで愛撫をやめてくれたので、少しおちつかせて、さあ、って入ってきてくれたんですが…。下腹部が圧迫されると、快感どころじゃありません。「あっ、やめて、苦しい、膀胱破裂する！」叫んでしまいました。彼がいそいで抜いてくれました。私は彼の下からぬけ出して、トイレに走りました。

どうも、ふだんためてするときは、自分で下腹部にかかる重さを調節できるからよかったようです。そのあと彼が、じゃあうしろからなら、って言いましたが、やっぱり放尿するのがいやで、してません。でも、これがきっかけで、たまってない、って思うときには、トイレに行かないですることも。冬なんかだと、前戯してるうちにたまってきて、暴発ってこともありました。また、おしっこためて、になりました。

妊娠、出産

半分以上、あきらめてました。卵子もだいぶ老化しているでしょうし、彼にも、結婚前に、だめかもしれないと言われてて。

そしてさらに恥ずかしい理由が。

あいかわらず私は、オルガスムスのときに、きばって噴いてたようです。すんで抜いたとき、彼のがべとべとになってるんです。彼はいつもそれをティッシュでふいて、それだけでだめなときは、シャワーで洗いに行くんですが。あるとき、彼がその液体の中に、白いものがまじっているのに気づきました。私が噴いたときに、せっかく入れてくれた精子を流しだしてしまっているようなんです。

次のとき、噴かないようにガマンしてみよう、って思いました。彼が私の中で動いているあいだ、きばっちゃだめ、きばっちゃだめ、と思いつづけてました。彼が、いく、って言ったので、手足に力を入れて、きばるな！って思いました。彼のものが中で動いて、入った、って思ったとたん、限界をこえてしまいました。ガマンしていたぶんオルガスムスがきつくて。飛び上がって、いつもよりはでに噴いてしまいました。これじゃどうしようもありません。

そして四十をすぎて、生理が止まりました。とうとう閉経かぁ、更年期障害のこともあるし、って思って、婦人科へ行きました。そしたら、おめでとうございます、って言われました。うれしい、っていうよりめちゃめちゃ恥ずかしかったです。彼にもなかなか言えません。やっと決心して言おうと思ったら真っ赤になってしまって、言葉が出てきません。彼が気づいて、先に言ってくれました。すごく喜んでました。

でも、受胎した日を計算してみて、また一人でわっ、とか思ってました。あの、おしっこで大失敗したときだったんです。たぶん失神してたんで、噴かなかったんだと思います。

妊娠したら、もののみごとに性欲がなくなりました。彼のものが勃っているのを見ても、そのあと、かわいそうに思って、取りだしてやさしくいじって抜いてあげても（このときはじめて射精というものを見ました)、だめでした。さらにだんだんつわりがきつくなってきて(十キロ以上痩せた)、オナニーでがんばってる彼のを手伝うこともできなくなりました。

出産は、つわりから考えて、どんなにたいへんだろうと思ってたんですが、意外に楽でした。

＊

そして退院した翌日、彼が求めてきました。私も復活してました。ほぼ十か月ぶり。ものすごくコーフンして、さあ、ってなったんですが…。すぽんすぽんなのです。のびてしまっているようで、ぜんぜん感じません。でも、やめるなんてことはできません。いろいろ工夫してみてたのですが、そのうち彼が、うっ、って私の下腹部に出してしまいました。その瞬間、あっ、あったかい、重たい、って思いました(ほんとに重みを感じた)。そして私も。

結局、もとに戻るまで、一ヶ月くらいかかりました。

エピローグ

結婚したら、オナニーや自慰はしないようになるだろう、って思ってました。でも、やっぱりときどきしてます。私の場合、洗濯、掃除などが終わって、ほっと一息ついたときに、手が自然に前へいってしまうんです。とくに尿意を感じてたりすると、いつのまにかスカートをまくり上げてたり。そして止まらなくなって、いじりきってしまいます。オナニーは、むかしの男に抱かれているような気がする、と言った人がいましたが、私の場合も、二十年以上なじんだ感覚なので、それなりのよさがあります。やっぱりオナニストのままです。

これで、このまえ、うれしいことがありました。子どもが寝て、ちょっとほっとしたときに、トイレに入りました。おしっこしたあと、うんちが出そうな気がしたんですが、出ませんでした。また便秘かなあ、って思って、ふこうとしたときに、紙のはじが陰核にあたりました。左のサイドが。まだふにゃふにゃですけど。そういえば二週間ほどしてません。でも、おしっこしたあとなのに、放尿オルガスムス感じちゃったからかなあ、なんて思ってました。そのまま刺激していると、またおしっこがちびって、手が濡れました。そして陰核が固くなってきて、別の液体が。とまらなくなってしまいました。もう、だめ、ひさしぶりに、って思いました。だんだん刺激がたらなくなってきます。ペーパーを置いてお尻を前にずらし、便座にもたれかかって足をのばします。今日はとうぜんクリいきにしなければなりません。そういえば、クリも、トイレでちゃんと下げてやるのもひさしぶりです。先っちょをむいて、Gスポットをやさしくいじります。いっちゃいそうになりながら、膣いきとちがって、なかなかいきません。でも、そのぶん高まりが大きくなって。あ…もうだめ…もうだめ…いく…いく…いく…あ…あ…あ…んふっ‼　いつものようにきばったとたんに腰が飛び上がって、愛液がぶっと飛びました。二発目、三発目は少し弱くなって、その後はぴちょっ、ぴちょっ、ぴちょっ、と流れました。飛んだところを見てしまいました。だいたい、指を入れたり下着をはいたまますることが多いので、飛ぶところを見ることは少ないんです。どれだけ飛んだんだろう、って見てみると、下げたショーツにはべちゃっとついてます。ストッキングにも。そしてさらにその先のスパッツの外側、床にまで落ちてました。うわっこんなとこまで飛んでる、まだこんなに飛ぶんだ、元気なんだ、って思いました。でも、おしっこしたあとだったから、これですんだのかも。もしたまってたら、またそこらじゅう水浸しにしてたかもしれません。

＊

女のHは個人差が大きいって言いましたが、けっきょくこうしてできあがっていくんだ、って思います。三つ子の魂百まで。私の場合も、最初のH癖を、結婚しても、最後まで持ち続けてしまったようです。

あるドクターがテレビで言ってました。長く健康でいるためには、男でも女でも、いくつになってもときどきはHして、最後までいかなくてもいいから、性的にコーフンしたほうがいい、って。

私もほんとの閉経まではまだ時間がありそうです。彼はまだ十分いけますが、それだけでなくオナニーももっと楽しんでいきたいと思っています。

お一人さま女子

2019年2月27日　第1刷発行

著　者　鳴瀬　涼

発行者　濵　正史

発行所　株式会社元就《げんしゅう》出版社

〒171-0022 東京都豊島区南池袋4-20-9
サンロードビル2F-B

電話 03-3986-7736　FAX 03-3987-2580
振替 00120-3-31078

装　幀　クリエイティブ・コンセプト

印刷所　中央精版印刷株式会社

※乱丁本・落丁本はお取り替えいたします。

ISBN978-4-86106-260-5　C0095